BODAS
DE SANGRE

LITERATURA

ESPASA CALPE

FEDERICO GARCÍA LORCA

BODAS DE SANGRE

Introducción
Fernando Lázaro Carreter

COLECCIÓN AUSTRAL

ESPASA CALPE

Primera edición:	*28 - V - 1971*	
Decimoquinta edición:	*27 - X - 1987*	

© *Herederos de Federico García Lorca, 1933, 1934*

© *De esta edición: Espasa-Calpe, S. A., Madrid, 1971*

—

Maqueta de cubierta: Enric Satué

—

Depósito legal: M. 35.600 — 1987

ISBN 84 — 239 — 1826 — 2

Impreso en España

Printed in Spain

Talleres gráficos de la Editorial Espasa-Calpe, S. A.

Carretera de Irún, km. 12,200. 28049 Madrid

ÍNDICE

INTRODUCCIÓN

EL TEATRO DE FEDERICO GARCÍA LORCA

UN TEATRO DIDÁCTICO

Los dramas de Federico García Lorca han asumido en el mundo, prácticamente, la representación del teatro español de los últimos cincuenta años. El poeta no hubiera sospechado esta paradoja: que un teatro de intención didáctica como es el suyo, pensado en función de su pueblo, iba a quedar prácticamente desconocido para éste durante muchos años, y, por el contrario, que el público no español iba a adueñarse de él como de un producto típico, fabricado a su medida, a la medida de una idea muy divulgada de España. Pero estos son los azares de la historia.

Las circunstancias que le han abierto de par en par los escenarios mundiales, son de todos conocidas. Y no me refiero a las penosas circunstancias de la muerte de Lorca, sino a aquellas otras radicadas en su arte mismo. Federico escribe en un momento de extrema fatiga biológica dentro de la literatura europea; ésta aparece marcada con signos de radicalidad estética o de sutileza dialéctica. Pero he aquí que, en la literatura española, esa fatiga, esa «decadencia», no existe. Hay el Valle-Inclán de las guerras carlistas y de

los esperpentos, el Solana de contundencia terrible en
su prosa y en su pintura, el Falla denso y ardoroso...
Federico, que comenzó como un decadente, se acom-
pasó pronto a este paso. Y el instante de asomarse a
Europa le llega, precisamente, cuando el hombre eu-
ropeo, trágicamente desenmascarado por la guerra, se
afirma en su raíz de hombre. Eran muchas las causas
coincidentes; el teatro de Lorca tenía que triunfar: su
primitivismo pasional, su sinceridad desgarrada, su
ambiente vivo y coloreado, fueron pronto prendas de
una estima unánime.

Acado de aludir a la intención didáctica de Federico
García Lorca, y ello quizá no haya dejado de extrañar
a alguien. ¿Didactismo, en un escritor de tan subidos
valores estéticos? Piénsese, sin embargo, en el director
de «La Barraca», aquella generosa empresa que llevaba las obras de Rueda, de Cervantes, de Lope, a las
bocas de las minas, a las eras, a las plazas de los pueblos. Lorca justificaba las fatigas de la empresa por un
hecho que no se cansaba de proclamar: aquel público
rural gozaba más intensamente el placer del espectáculo que el público urbano. Ese mensaje, esa misión
de arte, insistía él, es necesaria para la regeneración
cultural del país.

Permítaseme citar unas palabras suyas, que consti-
tuyen un marco excelente para encuadrar estas intenciones sociales, y las estéticas que puso en su teatro.
Pertenecen a una charla que pronunció dos años antes
de su muerte. A raíz del estreno de *Yerma*, las com-
pañías teatrales madrileñas solicitaron una representación especial, de madrugada, para que los actores pu-
dieran contemplarla. En esa representación, insólita
en los hábitos teatrales españoles, García Lorca dijo:

«Yo no hablo esta noche como autor, ni como
poeta, ni como estudiante sencillo de la vida del hombre, sino como ardiente apasionado del teatro de ac-

ción social. El teatro es uno de los más expresivos y útiles instrumentos para la edificación de un país, y el barómetro que marca su grandeza o su descenso. Un teatro sensible y bien orientado en todas sus ramas, desde la tragedia al vodevil, puede cambiar en pocos años la sensibilidad del pueblo; y un teatro destrozado, donde las pezuñas sustituyen a las alas, puede achabacanar y adormecer a una nación entera.

El teatro es una escuela de llanto y risa, y una tribuna libre donde los hombres pueden poner en evidencia morales viejas o equívocas y explicar con ejemplos vivos normas eternas del corazón y del sentimiento del hombre.

Un pueblo que no ayuda y no fomenta su teatro, si no está muerto, está moribundo; como el teatro que no recoge el latido social, el latido histórico, el drama de sus gentes y el color genuino de su paisaje y de su espíritu, con risa o con lágrimas, no tiene derecho a llamarse teatro, sino sala de juego o sitio para hacer esa horrible cosa que se llama matar el tiempo.»

Estas palabras tienen la fecunda consecuencia de mostrarnos, sin lugar a dudas, el aspecto docente, moralizador y de acción social, del teatro de Lorca, y de indicarnos la fuente inmediata de sus conflictos y hasta los medios para su planteamiento. Vamos a detenernos en la primera inferencia, antes de pasar a la segunda; vamos a examinar las condiciones en que nuestro poeta es un escritor didáctico.

Cuando se habla de teatro didáctico, esta designación puede llevarnos a pensar en las modalidades teatrales que representan Piscator o, en el polo opuesto desde el punto de vista del método, Bertolt Brecht. Y, sin embargo, nada más erróneo que esa posible aproximación, favorecida también quizá por las trágicas circunstancias que acompañaron la muerte de nuestro poeta. Hoy sabemos que ésta le llegó cuando estaba escribiendo obras de muy activa intención político-social, y de enérgica oposición a la moral tradicional; pero, de hecho, lo que dio a conocer en su breve vida, sólo en muy escasa medida poseía esos rasgos. No era el suyo un arte comprometido, en el sentido fuerte de este término, y mucho menos el de una facción. En cuanto arte que podemos llamar nuestro todos sus compatriotas, no se equivocan los que, fuera de nuestras fronteras, han visto el teatro de Federico García Lorca como cifra de la dramática española contemporánea.

El éxito de Lorca, al estrenarse sus obras en Madrid, fue notable. Afectó sobre todo a una extensa parte de la burguesía culta. Pero no puede calificarse de éxito popular. Su teatro buscaba al hombre en sus raíces anteriores al enfrentamiento y a la lucha política. Ese apoliticismo se manifiesta palmariamente ya en el Lorca joven de *Mariana Pineda*, escrita en 1925 y estrenada dos años después. La historia de aquella heroína liberal, ajusticiada por bordar una bandera y por estar implicada en una conjura antiabsolutista, constituía una excelente ocasión para aludir a la entonces vigente dictadura del general Primo de Rivera. Pero Lorca hace de su obra una bella tragedia de amor, en la que resuena, eso sí, su exigencia de libertades políticas, pero sin enturbiarla con alusiones o referencias contemporáneas. El simple roce con lo efímero político —no con lo social— compromete siempre la entidad de la obra de arte. La *Antígona* de Anouilh seguiría viviendo aunque se ignorase que fue escrita durante la ocupación de Francia. *Mariana Pineda* nace en un contexto histórico de dictadura; pero nadie podría descubrirlo en el texto de la tragedia.

Puede preguntársenos cómo se hace compatible esta pureza de intenciones estéticas y políticas que venimos postulando para García Lorca, con el didactismo que él mismo se propone. Sencillamente, no confundiendo didactismo con «provocación» o «acción social». Lorca continúa una línea muy definida entre los pedagogos y los sociólogos españoles, desde finales del siglo XIX, que propende a edificar la sociedad española sobre bases previas a su diversificación política, mediante la dignificación de las condiciones espirituales y materiales de su existencia. Era éste el ambiente intelectual que rodeaba a Lorca y al que él mismo contribuyó con sus empresas de teatro popular así como con su propia creación artística. Se trataba más de educar que de enseñar, de afinar y refinar los espíritus, de favorecer formas de convivencia anteriores a la acción, como garantía del orden, del éxito y de la templanza de esa acción.

ESQUEMA DEL TEATRO LORQUIANO

La crítica —véase Ruiz Ramón (1975) o García Posada (1980)— suele catalogar el teatro de Lorca en estos cuatro grupos:

1. *Comedias «irrepresentables» o «imposibles»: El público* y *Así que pasen cinco años.*

Enlazan con los diálogos en prosa —*El paseo de Buster Keaton, La doncella, El marinero y el estudiante* y *Quimera*— y se inscriben dentro del ciclo del gran libro *Poeta en Nueva York.* Aunque de hecho sean actualmente representadas, fue el propio Federico quien las calificó del modo que enuncio en relación con la situación del panorama teatral de los años treinta.

A ellas cabría añadir, en esa línea, la *Comedia sin título.*

2. *Farsas:* de guiñol —*Los títeres de Cachiporra, Tragicomedia de don Cristóbal y la señá Rosita* y *Retablillo de don Cristóbal*— y de personas: *La zapatera prodigiosa* y *Amor de don Perlimplín con Belisa en su jardín.*

3. Tragedias. BODAS DE SANGRE y *Yerma.* Estas

dos obras iban a formar parte de una «Trilogía dramática de la tierra española», que se completaría con *La destrucción de Sodoma*, de la que posiblemente haya llegado a escribir un acto, o con *La sangre no tiene voz*.

4.   *Dramas: El maleficio de la mariposa* y *Mariana Pineda. Doña Rosita la soltera* y *La Casa de Bernarda Alba.*

ESBOZO DE ANÁLISIS: POESÍA Y TEATRO

Dejando a un lado los tanteos primeros y las peculiares comedias «imposibles», atiendo aquí a la trayectoria más sólida del teatro lorquiano. Y bien, comencemos por una breve caracterización estructural, antes de aludir a su actitud ante los personajes y el conflicto dramático. Hay un hecho bien aparente y exterior, en el que habrá caído todo lector o espectador de García Lorca. Es éste: sus dos primeras obras, *El maleficio de la mariposa* y *Mariana Pineda*, están escritas en verso; en la última, *La casa de Bernarda Alba*, terminada poco antes de su último y definitivo viaje a Granada, Lorca emplea exclusivamente la prosa. En las obras escritas y estrenadas entre ambas fechas, *La zapatera prodigiosa* (1930), BODAS DE SANGRE (1933), *Yerma* (1934) y *Doña Rosita la soltera* (1935), el verso alterna con la prosa. El hecho ha de tener alguna motivación; intentemos hallarla.

Nuestro gran poeta procede, en el teatro y en la lírica, del modernismo. Los sonoros, los episódicos dramas de Villaespesa y Marquina nutrieron literariamente su adolescencia. El descubrimiento, en la lírica, de Juan Ramón vendría más tarde, y con él, un aguzamiento más estricto de sus exigencias literarias. El influjo de Marquina y del teatro modernista en Lorca afectó, principalmente, a aquella parte de la obra en que la innovación es más difícil y a la que quizá el artista, atraído por otros problemas, concede una importancia menor: la estructura.

El teatro modernista prolonga el último romanticismo, con cuyas formas finales se confunde. Hereda, por tanto, el empleo constante del verso; y añade algunas notas propias: el adorno en el verso, superpuesto a la intención comunicativa o expresiva —esto es, el adorno en función contextual, de belleza válida por sí misma—, la distribución de la materia dramática en «estampas», así llamadas, con clara alusión plástica, pictórica. Y, por último, siempre en esta dirección extradramática, una intensificación de elementos líricos, que llegan a cuajar en auténticas arias, las cuales, en el seno del drama, desempeñan el mismo papel que la romanza en la ópera. Son instantes en que el poeta —como el libretista y el músico— detienen el proceso argumental, para concentrar en una pieza anormalmente desarrollada a expensas del drama, su inspiración, su capacidad elegíaca, descriptiva o de cualquier otra naturaleza, pero siempre de carácter lírico; insisto: extradramático.

Mariana Pineda es un drama modernista por muchos títulos. Temáticamente, por desarrollar un asunto de historia, conforme a la preferencia de la escuela. Y en la estructura, por la disposición en «estampas» —así las llama Lorca—, por su empleo constante del verso, de la romanza recitada y de algunos elementos líricos, implícitos en el teatro poético anterior, que él desarrolló con enorme talento. En seguida aludiremos a ellos.

Las arias de *Mariana Pineda* se ajustan a los dos tipos principales empleados por el modernismo dramático: el elegíaco, por el cual el personaje comunica al público sus sentimientos íntimos, y cuyos antecedentes remotos hay que buscar en el teatro clásico; y el descriptivo, que desarrolla líricamente un suceso absolutamente ajeno al proceso dramático. Al primer tipo pertenece el lamento elegíaco de Mariana, mientras aguarda la fuga de su amante preso: «Si toda la tarde fuera/ como un gran pájaro...» (Estampa I, Escena 5.ª). En el polo opuesto está el aria descriptiva, de la que es eminente ejemplo el hermoso romance de los toros de Ronda. Estos dos tipos de romanzas aparecen en todo el teatro de Lorca, menos en su última tragedia, singular por esto y por tantas otras cosas.

García Lorca ensanchó notablemente la entrada de elementos líricos, en proporción nunca alcanzada por el teatro anterior, y que hemos de calificar de anómala, si atendemos a las leyes generales del drama, e incluso a la estética del propio Federico en su momento de mayor evolución. Examinemos, también con brevedad, las notas que presenta esta irrupción masiva de lo lírico en su teatro.

El poeta granadino aprendió de Lope de Vega el uso estratégico de la canción popular o popularizante. Sabido es cómo Lope monta muchas veces un drama sobre la sólida y cristalina base de una canción. El drama de Lorca no arranca nunca de la canción, pero, en definitiva, ésta alcanza en él la misma función que en el drama lopesco. Unas veces, se trata de una ilustración plástica y casi orquestal; en otras ocasiones, la copla, no cantada en la escena, penetra en ella para crear un clima dramático o colaborar en él. Es ésta la función que desempeña la canción de muerte que oye don Alonso, el caballero de Olmedo, momentos antes de caer asesinado. Cuando Mariana Pineda, descubierto el complot, va a ser ajusticiada, por las ventanas de la celda invadida de luz, entra la famosa canción popular que unos niños cantan:

> «¡Oh, qué día tan triste en Granada,
> que a las piedras hacía llorar,
> al ver que Marianita se muere
> en cadalso, por no declarar!»

Cuando el telón no se ha levantado aún para dar comienzo al cuadro de la romería de *Yerma,* una canción llega al público, con una carga sensual que tiene el efecto de impregnar la sala de una vibración armónica con las escenas que van a sucederse. Es un golpe de diapasón, que templa y concuerda los ánimos en una misma nota:

> «No te pude ver
> cuando eras soltera,
> mas de casada te encontraré.
>
> Te desnudaré,
> casada y romera,
> cuando en lo oscuro
> las doce den.»

Son muchas las canciones que, como ilustración plástica o como contribución a un clima, sembró Lorca en sus obras. La canción popular era su gozo, y a ella dedicó un interés de folclorista, salvando y lanzando al comercio literario general muchas joyas olvidadas. Como hemos de ver en seguida, García Lorca preservó su última tragedia de casi todas las floraciones líricas acumuladas en sus obras anteriores; pero no quiso prescindir de la copla. En *La casa de Bernarda Alba,* en aquel recinto en que unas mujeres se consumen en un delirio erótico, entra en un momento culminante, como un dardo, como un latigazo, la voz de unos hombres que cantan:

> «Abrir puertas y ventanas
> las que vivís en el pueblo,
> el segador pide rosas
> para adornar su sombrero.»

Si el aria la recibe nuestro poeta del inmediato teatro modernista, y el empleo de la canción de un más ilustre antecesor, creo que es invención suya lo que podemos llamar *escena lírica*. No es ésta otra cosa que un reparto de la materia poética entre varios personajes, que la declaman alternadamente. Aparece ya en la declamación de Clavela y los niños, de *Mariana Pineda* y la hallamos en todos los dramas posteriores, salvo en *La casa de Bernarda Alba*. Porque allí, ya lo hemos repetido, el autor reprimió todo brote lírico que detuviese el progreso dialéctico de la obra. Hasta el verso se vedó, esa arma mágica en sus manos. Adolfo Salazar ha contado cómo en una lectura privada de esa obra en 1936, Federico se detenía tras una escena y exclamaba entusiasmado: «¡Ni una gota de poesía! ¡Realidad! ¡Realismo!»

En una «Charla sobre teatro» afirmaba Federico en 1935: «El teatro es la poesía que se levanta del libro y se hace humana. Y al hacerse, habla y grita, llora y se desespera. El teatro necesita que los personajes que aparezcan en la escena lleven un traje de poesía y al mismo tiempo que se les vean los huesos, la sangre.» Sobre esa base podemos preguntarnos más específicamente qué función desempeñan las rupturas líricas del proceso dramático. Ni más ni menos que una función opuesta a la que atribuye Brecht —el par de Lorca entre sus contemporáneos— a sus «songs», a sus canciones, recitados y danzas. Sabido es cómo, para el gran dramaturgo alemán, aquellos elementos tienen por misión chocar con la atención del público, romper su fascinación, obligarle a tomar conciencia de que está ante un problema, no en una sesión de hipnotismo, comprometiéndolo así en una decisión. Muchos críticos, incluso algunos de ideología marxista, dudan de que ese efecto distanciador se produzca. Y es dudoso, en verdad, que muchas de las canciones insertas en los dramas de Brecht hayan sido escritas con intención extrañadora, desmitificadora. Pero si nos reducimos a los propósitos teóricos, la oposición entre los poetas español y alemán es manifiesta. Lorca utiliza la lírica en sus dramas para implicar al espectador; Brecht, para alejarlo y despertar su conciencia refleja. Aunque luego, en la realidad ocurra que ambos implican, ambos alucinan.

TRAGEDIA, REALIDAD Y MITO

Examinemos todavía brevemente, antes de aproximarnos a BODAS DE SANGRE, cuál es la actitud de Lorca ante la temática y el conflicto trágicos. Él mismo la puntualizó en el texto que citábamos al principio del artículo. Recuérdese que atribuía al teatro la misión de «explicar con ejemplos vivos normas eternas del corazón y del sentimiento del hombre». Y concluía esta especie de declaración de principios exigiendo a la obra dramática una estricta fidelidad al clima histórico y humano en que nace. Formulando en otros términos el pensamiento de Lorca, éste pretende abarcar una problemática de dimensiones generales, válidas para todo hombre en cuanto tal: y ello, circunscribiéndose a un medio social bien concreto, pintoresco a fuerza de verdadero.

En cuanto al clima, a la atmósfera local, nadie dudará del «realismo» de Lorca. Pero esa palabra es tan equívoca, tan erizada de dificultades y misterios, que resulta difícil ponerse de acuerdo sobre su contenido. Hay un realismo fotográfico y notarial; es el que asume por antonomasia la representación del «-ismo». Hay, por otro lado ese realismo español, lleno de irrealidades. Son las irrealidades y desmesuras que la crítica ha ido denunciando en realistas tan prestigiosos como Mateo Alemán, Francisco de Quevedo y tantos otros. Limitándonos al teatro contemporáneo, hay un realismo de clisé, cuyo ejemplo más representativo podría ser *La malquerida* de Benavente, y este otro realismo de Lorca, lleno de anatopismos y deformaciones literarias. Pero luego ocurre que *La malquerida,* drama de grandeza temática y psicológica incontestable, se desvirtúa a causa de su fiel, de su ancilar realismo. En cambio, cualquiera concederá sin dificultades la autenticidad del teatro lorquiano, de tan difícil localización, plagado de pinceladas folclóricas de heterogénea procedencia, cuyos personajes se expresan con una incisividad bien elaborada, con un lenguaje poético que transparenta al autor detrás de cada palabra.

Es un misterio del arte. Y se debe, sin duda, a que, frente a ese realismo de calco, hay otro realismo en el que lo real son las relaciones, las estructuras; y este realismo subsiste e impresiona por su verdad, aunque los elementos relacionados sean deformes: contrahechos o embellecidos. Nada importa en el teatro lorquiano —nada, entendámonos, que pueda comprometer su realidad— la exasperación en que viven sus personajes: la violencia de la Madre en BODAS DE SANGRE, la obsesión de Yerma, la tiranía de Bernarda... Son vértices de una estructura, de unas relaciones que reconocemos como verdaderas, desde un punto de vista nacional y aun ampliamente humano. Otro tanto puede decirse del diálogo, tan primorosamente cuidado por Lorca. Por debajo de las frases concretas, sirviéndoles de soporte, está el gusto popular por la hipérbole, por la contundencia, por la aspereza, por lo erótico, sus referencias directas y sin rebozos a lo que es natural y biológico. Asentada esta red, el material que la recubre jamás la enmascara.

García Lorca llegó a esta modalidad suya, hiperbólica en los elementos y fiel en las estructuras, tras un gusto, seguido de un estudio amoroso, del teatro de títeres. Su hermano Francisco ha relatado cómo este tipo de teatro desgarrado, tosco y primitivo, ejerció sobre Federico, desde su infancia, un gran atractivo, que se manifiesta en esas obritas, verdadero primor, que son *Los títeres de cachiporra, Retablillo de don Cristóbal, Amor de don Perlimplín con Belisa en su jardín,* y en la bellísima comedia *La zapatera prodigiosa.* En dos lugares de estas obras, ha hecho su autor confesiones que son claves de su arte. En la primera, dice un personaje, Mosquito, a guisa de prólogo:

> «Yo y mi compañía venimos del teatro de los burgueses, del teatro de los condes y de los marqueses, un teatro de oro y cristales, donde los hombres van a dormirse, y las señoras... a dormirse también. Yo y mi compañía estábamos encerrados. No os podéis imaginar qué pena teníamos. Pero un día, vi por el agujerito de la puerta una estrella que temblaba como una fresca violeta de luz... Entonces yo avisé a mis amigos, y huimos por esos campos en busca de la gente sencilla, para mostrarles las cosas, las cosillas y las cositillas del mundo; bajo la luna verde de las montañas, bajo la luna verde de las playas.»

Está bien clara, sin necesidad de comentarios, la propia huida del poeta en busca de un contacto con el pueblo, a través de formas poéticas ingenuas y populares.

En el *Retablillo de don Cristóbal,* farsa para guiñol, se dice:

> «El poeta, que ha interpretado y recogido de labios populares esta farsa de guiñol, tiene la evidencia de que el público culto de esta tarde sabrá recoger, con inteligencia y corazón limpio, el delicioso y duro lenguaje de los muñecos.
>
> Todo el guiñol popular tiene este ritmo y esta encantadora libertad que el poeta ha conservado en el diálogo.
>
> El guiñol es la expresión de la fantasía del pueblo, y da el clima de su gracia y de su inocencia.»

Al acabar la farsa, el director de la compañía, vuelve a dirigirse al público:

«Los campesinos andaluces oyen con frecuencia comedias de este ambiente bajo las ramas grises de los olivos y en el aire oscuro de los establos abandonados. Entre los ojos de las mulas, duros como puñetazos, entre el cuero bordado de los arreos cordobeses, y entre los grupos tiernos de espigas mojadas, estallan con alegría y con encantadora inocencia las palabrotas y los vocablos que no resistimos en los ambientes de las ciudades, turbios por el alcohol y las barajas. Las malas palabras adquieren ingenuidad y frescura dichas por muñecos que miman el encanto de esta viejísima farsa rural.»

Dejo también sin comentar las consecuencias, igualmente pedagógicas, pero esta vez para el público urbano, que se desprenden de estas palabras; las he tomado sólo como testimonio de ese esfuerzo por ser verdadero y fiel a unas estructuras populares de expresión, que se impuso el gran poeta. Llamo la atención sobre una palabra que él emplea insistentemente para calificar ese comportamiento sencillo y rural en las manifestaciones de arte; me refiero a la palabra *inocencia*.

Afirmaba Valle-Inclán —ese maestro de Lorca, a cuyo magisterio no puedo sino aludir—, con categorías muy simples pero extraordinariamente útiles, que, para el escritor, hay tres modos de mirar a sus personajes: desde arriba, y surge así la comedia; a su altura, origen del drama; y de rodillas, considerando que los personajes y sus problemas le rebasan, y que no puede hacer más que seguirlos como un cronista a un héroe, actitud que da origen a la tragedia. Pues bien, Lorca ve los conflictos y los tipos con una mirada infantil e inocente. Pasan éstos como ráfagas apasionadas que el poeta no juzga ni puede someter.

Aquellos personajes son fatales y trágicos. Y los protagonistas, en el momento culminante de la obra, suelen proclamar hasta qué punto son inculpables; es éste un rasgo común a todos los dramas lorquianos: la afirmación explícita del *fatum*. Recordemos a Mariana Pineda, la mujer que bordó una bandera liberal y se comprometió en un alzamiento. El poeta reduce su decisión y aniquila su voluntad, en la patética confesión final:

> «¡Yo soy la libertad porque el amor lo quiso! ¡Pedro! La Libertad por la cual me dejaste...»

En la misma situación fatal se encuentra Yerma, entre dos pasiones igualmente incontenibles que le aplastan con su fuerza; de un lado, el ansia maternal; del otro, su forzosa fidelidad a un marido a quien odia y acabará matando. Los dos se expresan con idéntica nitidez, en el acto III, cuando la obra camina hacia su desenlace:

> «Yo pienso —dice Yerma— que tengo sed y no tengo libertad. Yo quiero tener a mi hijo en los brazos para dormir tranquila, y óyelo bien y no te espantes de lo que te digo: aunque yo supiera que mi hijo me iba a martirizar y me iba a llevar de los cabellos por las calles, recibiría con gozo su nacimiento.»

Más tarde, en una romería, cuando el aire está más cargado de erotismo, una vieja se acerca a Yerma, a solicitarla para su hijo, que la hará fecunda. Yerma se revuelve con furia:

> «¡Nunca lo haría! Yo no puedo ir a buscar. ¿Te figuras que puedo conocer otro hombre? ¿Dónde pones mi honra? El agua no se puede volver atrás ni la luna llena sale al mediodía. Vete. Por el camino que voy seguiré. ¿Has pensado en serio que yo me pueda do-

blar a otro hombre? ¿Que yo vaya a pedirle lo que es mío, como una esclava? Conóceme, para que nunca me hables más. Yo no busco.»

Sería curioso un cotejo entre *Yerma* y *Raquel encadenada* de Unamuno, ya que ambas poseen un planteamiento similar: la mujer anhelante de un hijo que el marido les niega. Creo que el cotejo ilustraría dos actitudes bien diferentes en la relación autor-personaje. Mientras Lorca deja a sus protagonistas abandonados al hado, don Miguel, que conversaba con los suyos de hombre a hombre, hace que Raquel resuelva la situación yéndose con un amante, dueña de su destino. Reducidas a las sencillas categorías de Valle-Inclán, *Yerma* sería una tragedia, *Raquel* muestra preclara de drama.

BODAS DE SANGRE

SOBRE LA BASE DE UN SUCESO REAL

A raíz del estreno de BODAS DE SANGRE en Madrid, el 9 de marzo de 1933, la crítica señaló que la obra constituía una «regresión» en la trayectoria dramática lorquiana. ¿Regresión de dónde y hacia dónde? El periódico *La Libertad* concretaba con precisión el primer punto: del «sarampión vanguardista». Acabamos de ver cómo Federico calificaba por entonces algunas de sus obras precedentes como «irrepresentables» e «imposibles». En una charla, de ese mismo año 1933, sobre el teatro, protestaba de la situación excesivamente conservadora de empresarios y público; se hablaba de obras «peligrosas» y él replicaba:

«¿Peligrosas? Hay representantes de empresas que se indignan sin ningún disimulo cuando se les va a ofrecer una comedia que se sale de las normas acostumbradas. El día menos pensado va a constituir una verdadera temeridad el hecho de solicitar el estreno de una obra moderna.»

Sin descartar que, en efecto, él recortara vuelos y se plegara en parte a las exigencias de la viabilidad de representación, creo que hacia BODAS DE SANGRE le empuja otro motivo de mayor fuerza: exactamente, la preocupación de didactismo social de que vengo hablando. Es el momento en que Federico formula las más radicales denuncias contra la cultura burguesa:

«En el teatro hay que dar entrada al público de alpargatas. "¿Trae usted, señora, un bonito traje de seda? Pues, ¡afuera!" El público con camisa de esparto, frente a Hamlet, frente a las obras de Esquilo, frente a todo lo grande. Pero, ¡qué! Si lo burgués está acabando con lo dramático del teatro español, que es esencial en el teatro español. Está echando abajo uno de los grandes bloques que hay en la literatura dramática de todos los pueblos: el teatro español.»

A defenderlo quería constribuir Federico con su propia escritura y con la hermosa aventura de «La Barraca». Hablando de ella, también en 1933, decía:

«"La Barraca"... Eso es algo muy serio. Ante todo es necesario comprender por qué el teatro está en decadencia. El teatro, para volver a adquirir su fuerza, debe volver al pueblo del que se ha apartado. El teatro es, además, cosa de poetas. Sin sentido trágico no hay teatro y del teatro de hoy está ausente el sentido trágico. El pueblo sabe mucho de eso.»

No constituía esta última afirmación una intuición novedosa. El mejor teatro español lo había descubierto siglos antes, y Lope, ya lo hemos recordado, edificó su arte sobre elementos tomados del pueblo. Y

bien, si Lope se inspiraba en crónicas, Federico lo
hace en hechos que él mismo ha podido documentar
—así será en *Yerma* y en *La casa de Bernarda Alba*—
o en noticias periodísticas. Es el caso de BODAS DE
SANGRE.

La hispanista francesa Marcelle Auclair cuenta que
el 25 de julio de 1928, Lorca se encontraba en la Resi-
dencia de Estudiantes charlando con su amigo San-
tiago Ontañón, cuando entró otro amigo, Diego
Burgos, que dejó un ejemplar del diario *ABC* sobre la
mesa. Lorca lo recogió y momentos después exclamó:
«¡La prensa, qué maravilla! ¡Leed esta noticia! Es un
drama difícil de inventar.» Federico se refería a una
noticia periodística que apareció el 25 de julio en varios periódicos y que relataba un suceso acaecido en
Níjar, un pueblo de la provincia de Almería.

Su hermano Francisco recuerda, por otra parte, que
Federico leyó la noticia, estando en Granada, en *El
defensor del pueblo*. He aquí la información de este
periódico: «*Trágico final de una boda. Es raptada la
novia, siendo más tarde asesinado el raptor. El misterio
envuelve el suceso. Es detenido el novio burlado.*»

«Almería 24.   Noticias recibidas de Híjar [Sic por
Níjar] dan cuenta de un trágico suceso ocurrido con
motivo de celebrarse una boda, apareciendo hasta
ahora rodeado de un gran misterio.

En la mañana de ayer contraía matrimonio una
agraciada joven de veinte años, hija de un rico labra-
dor, habitante de un cortijo cerca de dicho pueblo.

En la casa se reunieron novios, padrinos y nume-
rosos invitados de las aldeas próximas.

Cuando se iba a celebrar la ceremonia religiosa, no-
taron que la novia había desaparecido, y por muchas
gestiones que se practicaron no pudo ser encontrada.

El novio, avergonzado, salió en su busca y tampoco
logró encontrarla.

Los invitados se retiraron cada cual a su domicilio.

Uno de ellos, montado a caballo, se dirigía a un cortijo, cuando a unos ocho kilómetros divisó el cadáver de un hombre tendido sobre la cuneta y oculto con matorrales.

Descendió de la cabalgadura, viendo con sorpresa que era un primo de la novia, que se oponía a sus relaciones.

Pidió auxilio, dando cuenta de lo ocurrido, y a poco se personó en aquel lugar la Guardia Civil, practicando numerosas investigaciones.

La Benemérita encontró a la novia en un lugar muy próximo al sitio donde se encontraba el cadáver de su primo, quien se apellidaba Montes Cañada y tenía treinta años de edad.

La novia, cuyas ropas estaban desgarradas, declaró que ella se fugó con su primo porque era a quien amaba, pero que en su huída les salió al encuentro un enmascarado, quien hizo cuatro disparos contra el primo, dejándolo muerto en el acto.»

El suceso debió de alcanzar bastante difusión porque hasta se ha documentado un romance popular de época. En la memoria de Federico quedó, desde luego, grabado y su hermano Francisco, testimonia que a lo largo de esos años que van de 1928 a 1933 fue gestando, sin prisas y con intermitencias, el esquema de la obra que, en cambio, debió de redactar en muy pocos días.

No hace falta subrayar el estrecho parentesco del asunto con el que sirvió de base a tantos dramas del Siglo de Oro: la honra cuyas manchas sólo la sangre puede lavar; fue lo que en la realidad histórica hizo —«el pueblo sabe mucho de eso»— el hermano del novio. Esa misma realidad prestaba a la obra literaria otros elementos: la alusión por ejemplo, al móvil dinerario como factor determinante de la concertación del matrimonio. Un reportaje del *Heraldo de Madrid*, de 26 de julio, imagina que Curro Montes Cañada le dice

a su prima: «Casimiro [el novio] no puede hacerte feliz porque... Lo que quiere es el dinero de tu padre...» Hay, sin embargo, otros datos que en el proceso literario serán depurados. En la versión periodística del diario *ABC* el homicida declara «que bebió
con exceso en el cortijo y que se encontró en el camino a los fugados. Entonces, sintió tal ofuscación y
vergüenza...». Se trata, sin duda, de una excusa arti-
culada en defensa propia; pero, en cualquier caso, Federico margina esa dimensión baja y grosera al con-
vertir la historia en poesía.

Me he referido ya al estreno madrileño. El éxito fue
más de crítica que de público y algo parecido se repi-
tió en Barcelona. BODAS DE SANGRE suscitó, en cambio, poco después un entusiasmo desbordado en
Buenos Aires, mientras que iba a resultar difícil, un
par de años más tarde, para el público neoyorquino
que, en conjunto, acusaría a la obra de exceso de lo-
calismo y de lenguaje artificial. Federico conocería todavía el éxito pleno de BODAS DE SANGRE en España
con la reposición que en Barcelona hizo en 1935 Mar-
garita Xirgu: de verdadero estreno llegó él a calificarla
entonces, aludiendo, sin duda, al mejor montaje escé-
nico. En Madrid había compartido la dirección con
Marquina; el escenógrafo era el mismo de *Teresa de
Jesús,* y quizá lo más condicionante, la compañía que
había estrenado la obra era la de Josefina Díez de Ar-
tigas y Manuel Collado, especializada en teatro có-
mico de la época, sobre todo en el de los Quintero: el
conjunto no resultaba, sin duda, lo más adecuado. La
Xirgu y el pintor Pepe Caballero, de quien eran los
decorados y figurines, permitían, en Barcelona, alcanzar la novedad que Federico pretendía imprimir a la
representación.

UNA OBRA DE TEATRO POÉTICO Y MUSICAL

Declaraciones suyas y de testigos de lecturas o ensayos de la obra nos permiten conocer con detalle sus propósitos. Se trataba de lograr una tragedia que, arraigada en la tierra andaluza pero superando cualquier limitación localista, tuviera una dimensión universal. Sin un encarnizado amor a la tierra, dice él mismo, «no hubiera podido escribir BODAS DE SANGRE». Cierto; mas tal afirmación básica no es incompatible con lo que en el ensayo general declara, con su anuencia, Marquina: es una tragedia «libre de accidentes... se produce en tierras de Guadix, como pudiera producirse en las tribus primitivas; sólo obran en ella los impulsos vitales...». Federico asiente: «la tragedia se hace cósmica, todo entra en ella con fuerza e ímpetu, arrastrándolo todo sin miedo a nada». Y se trata, al mismo tiempo, de conseguir esa tragedia en un espectáculo de gran riqueza plástica y musical. En las declaraciones de 1935 que ya he citado dirá: «el problema de la novedad del teatro está enlazada en gran parte a la plástica. La mitad del espectáculo depende del ritmo, del color, de la escenografía». Eso implica muchas cosas; la revalorización del cuerpo; la captación y plasmación del ambiente, «los campos de rocas, mojados por el amanecer... ese palomo herido, por un cazador misterioso, que agoniza entre los juncos sin que nadie escuche su gemido»; y por supuesto, y muy en primer plano, la musicalidad.

No puede sorprender este último aspecto a quien conozca la base musical de la estética lorquiana: «Porque yo ante todo soy músico» dice en una entrevista ahora recogida por Christopher Maurer, que partiendo de un testimonio de Lorca, ha estudiado la relación de BODAS DE SANGRE con la cantata 140 de Juan Sebastián Bach. Mas el cuidado alcanza hasta el timbre de voz y

el tono de los actores. Marcelle Auclair recoge el testimonio de Josefina Díaz:

> «Federico orquestó la obra como una sinfonía. Para
> la escena de la boda —"¡Despierte la novia / la ma-
> ñana de su boda!"— asoció las voces, su timbre, su
> fuerza, como un músico asocia los sonidos. Fue un
> trabajo extraordinario. Gritaba:
> —¡Tú no! ¡Tienes una voz demasiado aguda!
> ¡Prueba tú! Me hace falta una voz grave... Necesito
> una voz fresca...
> Y todo con un ritmo cada vez más vivo, más arre-
> batado» (pág. 275).

Nada tiene de extraño que la crítica madrileña, que,
en el teatro de Federico, había denunciado hasta entonces el predominio de la poesía sobre el drama, re-
conociera en esta ocasión el «equilibrio» logrado entre
los dos elementos. La nueva fórmula se hallaba en
germen en el *Romancero gitano,* pero cobraba ahora
toda la fuerza en una obra que en Buenos Aires se
presentaría como «Poema dramático». De «teatro poético» y «teatro musical» la calificó Gerardo Diego en
su reseña del periódico *El Imparcial:*

> «Se ha ponderado, en justicia, su inspiración poé-
> tica, que llega a los bordes de lo sublime en algún
> momento, la sobriedad y acentuación de su diálogo
> rústico, su valor simbólico y trágico, el encanto de sus
> proporciones y sus equilibrios plásticos...
> Si *Mariana Pineda* era un libreto de ópera, BODAS
> DE SANGRE es ya una ópera, un drama lírico, letra
> y música a la vez...»

Analicemos un poco más de cerca cada uno de estos
elementos. Y comencemos, al igual que hemos hecho
antes, por lo más externo, la mezcla de verso y prosa:

> «No más una obra dramática con el martilleo del
> verso desde la primera escena —dice en 1933—. La

prosa libre y dura puede alcanzar altas jerarquías expresivas, permitiéndonos un desembarazo imposible de lograr dentro de las rigideces de la métrica. Venga en buena hora la poesía en aquellos instantes que la disipación y el frenesí del tema lo exijan. Mas nunca en otro momento. Respondiendo a esta fórmula, vea usted... cómo hasta el cuadro epitalámico el verso no hace su aparición con la intención y la anchura debidas, y cómo ya no deja de señorear la escena en el cuadro del bosque y en el que pone fin a la obra.»

Desconocedora de la dimensión poética connatural al habla popular de Andalucía, la crítica neoyorquina denunciaba, como he dicho, la inadecuación del nivel expresivo al estamento social. Federico puso, en cambio, especial empeño en embridar su ingenio y, bien consciente de la propensión de sus malos lectores hacia el sentimentalismo fácil y el lirismo equivocado, advertía a los actores de la compañía madrileña: «¡No me hagas lorquismo! ¡No me hagas lorquismo!» De ahí que Gerardo Diego pudiera aplaudir, con justicia, «la sobriedad y acentuación del diálogo rústico».

REALISMO Y FANTASÍA

Pero del mismo modo que el suceso lleva en sí mismo el germen del hado trágico, la realidad está preñada de símbolo. Cuando un periodista le pregunta al autor cuál es el pasaje de BODAS DE SANGRE que más le satisface, éste responde:

«Aquel en que intervienen la Luna y la Muerte, como elementos y símbolos de fatalidad. El realismo que preside hasta ese instante la tragedia se quiebra y desaparece para dar paso a la fantasía poética.»

Cabría hablar, según eso, de dos tiempos: uno arti-

culado por el realismo y otro alentado por la fantasía.
Pero sería artificioso y, en última instancia, falso ya
que todos los elementos de la obra están íntimamente
implicados y los elementos que pudiéramos llamar realistas sustentan los símbolos posteriores. En ese sentido resulta más exacto hablar de dos planos que de
continuo se interfieren: el de la realidad social y el de
la significación trascendente. La pobreza del campo de
Níjar; las rivalidades familiares; la obsesión domi-
nante, compatible con un papel destacado de la mujer
en toda la trama social; la exaltación descarnada de la
fuerza sexual y la libre vivencia de los instintos prima-
rios...: todo eso actúa como referente real y constituye
el plano de sustentación de la obra. Pero los personajes que sobre él se mueven son otros más en el cor-
tejo de los seres trágicos que en el teatro de García
Lorca aparecen como marionetas movidas por el «fatum». Tuvimos ocasión en páginas anteriores de men-
cionar unos fragmentos pertenecientes a *Mariana Pineda* y a *Yerma*. En ambas obras sus protagonistas ex-
plicitan la fatalidad. Homóloga es la situación de la
Novia en BODAS DE SANGRE, que abandona a su es-
poso en el día nupcial para escapar con su amante;
cuando, tras la muerte de los dos hombres, la Madre
le pide cuentas de su acción, ella exclama como una
heroína raciniana:

> «¡... me fui con el otro, me fui! Tú también te hu-
> bieras ido. Yo era una mujer quemada, llena de llagas
> por dentro y por fuera, y tu hijo era un poquito de
> agua de la que yo esperaba hijos, tierra, salud; pero
> el otro era un río oscuro, lleno de ramas, que acer-
> caba a mí el rumor de sus juncos y su cantar entre
> dientes. Y yo corría con tu hijo que era como un ni-
> ñito de agua, frío, y el otro me mandaba cientos de
> pájaros que me impedían el andar y que dejaban es-
> carcha sobre mis heridas de pobre mujer marchita, de
> muchacha acariciada por el fuego. Yo no quería,

¡óyelo bien!; yo no quería, ¡óyelo bien!; yo no quería. ¡Tu hijo era mi fin, y yo no lo he engañado, pero el brazo del otro me arrastró como un golpe de mar, como la cabezada de un mulo, y me hubiera arrastrado siempre, siempre, siempre, siempre, aunque hubiera sido vieja y todos los hijos de tu hijo me hubiesen agarrado de los cabellos!»

DOS FIDELIDADES

A Federico no le interesaba realizar un estudio social o psicológico. La creación de BODAS DE SANGRE cumple dos fidelidades: a la tradición de la tragedia clásica y a la más inmediata del teatro nacional del Siglo de Oro. Insistía aquélla, en su dimensión de rito, en el carácter repetitivo de cualquier acción humana. A cada paso no hacemos sino cumplir el destino como lo cumplieran nuestros antepasados. En la tragedia lorquiana se advierte de continuo —lo mismo le sucedió al padre, a la madre, al abuelo— y los personajes se previenen mutuamente, sobre el recuerdo de lo pasado, acerca de las amenazas del futuro. En el primer cuadro del Acto primero dice la Madre al Novio:

—«Cien años que yo viviera, no hablaría de otra cosa. Primero tu padre... Luego tu hermano...
—*Novio:* ¿Vamos a acabar?
—*Madre:* No. No vamos a acabar... No... Si hablo es porque... ¿Cómo no voy a hablar viéndote salir por esa puerta?...»

La tragedia está, pues, anunciada desde el principio y no es posible evadirse de ella. Lo connota en la obra su estructura cerrada: comienza en casa de la Madre y en ella termina. Se abre con la referencia a una navaja —«La navaja, la navaja... —dice la Madre— Malditas sean todas y el bribón que las inventó»— y concluye con el gran canto del cuchillo: «Y apenas cabe en la mano, / pero que penetra frío / por las carnes asombradas / y allí se para, en el sitio / donde tiembla enmarañada / la oscura raíz del grito.» Y es la mujer la figura en que se anuda el hilo conductor de la tragedia: los hombres son simples contrapuntos, motivos externos de la pasión de las mujeres. La mujer aparece reducida físicamente en BODAS DE SANGRE, al igual que en las otras tragedias, a un espacio interior y a una actitud estática: «¿Tú sabes lo que es casarse, criatura?», pregunta la Madre a la Novia; y aclara de inmediato innecesariamente: «Un hombre, unos hijos, y una pared de dos varas de ancho para todo lo demás.» «¿Es que hace falta otra cosa», replica el Novio. Y ella, consciente y obediente al sino: «No.» Lo exterior, el dinamismo exterior corresponde a los hombres. Frente a la casa, el bosque. Pero el dinamismo interior, el que supone la sublevación ante la norma, el quebrantamiento del orden establecido, anida y brota de la mujer.

Y en el orden temporal es también la mujer la que soporta la continuidad que como un anillo se cierra sobre sí misma, apresando dentro, sin escape posible, a los humanos. Así, la Novia declara a la Madre del novio que Leonardo le «hubiera arrastrado siempre, siempre, siempre, aunque hubiera sido vieja y todos los hijos de tu hijo me hubieran agarrado de los cabellos». Y son las mujeres las que interpretan los signos: la Madre, el del cuchillo; la Suegra y la Mujer, el del caballo. Cuando, por la fuerza del sino trágico, el hombre muere, la mujer retorna a su soledad: «No quiero ver a nadie —exclama la Madre al final—. La tierra y yo. Mi llanto y yo. Y estas cuatro paredes.» La cerrazón del espacio físico comprime y hace saltar la fuerza interior que estalla en la tragedia.

En su propósito de fidelidad a la de la tragedia clásica, Federico organiza la materia de acuerdo con los esquemas tradicionales. Se advierte con claridad un progreso ritual hacia el vértice del sacrificio y en ese proceso no faltan los coros que jalonan y comentan la acción dramática. Se ha señalado con insistencia la significación premonitoria de la «Nana» primera: «Duérmete, clavel, / que el caballo no quiere beber // Duérmete, rosal / que el caballo se pone a llorar. /.../ Bajaban al río. / ¡Ay, cómo bajaban! / La sangre corría / más fuerte que el agua.» Pero no tienen menor importancia los cantos nupciales, enlazados con la Nana por la recurrencia al símbolo del agua —«Giraba, / giraba la rueda / y el agua pasaba»— y que ponen énfasis especial en la limpieza de la Novia: «¡Acuérdate que sales / como una estrella!» En seguida, en la canción de los leñadores, entra en acción la luna. Con un sistema de encadenado, la canción de los leñadores acumula los elementos centrales —cuchillo, caballo, río— de los coros precedentes:

> «Cisne redondo en el río,
> ojo de las catedrales,
> alba fingida en las hojas
> soy; ¡no podrán escaparse!
> ....
> La luna deja un cuchillo
> abandonado
> ....
> Yo haré lucir al caballo
> una fiebre de diamante.»

Álvarez de Miranda ha explicado la función mítica y ritual de la luna, que en ese punto culminante aparece con la Muerte como acólito: en el tercer acto de BODAS DE SANGRE —escribe— «el mito luna-muerte es ya algo más que mito, se ha "celebrado", es "sacramentum"... Es, en una palabra, rito, que siempre y en toda religión se define precisamente así, como una acción potente, hierática y sacral». Es lógico que García

Lorca haya encarnado ese momento supremo en una forma poética de intensidad sublime, comenzando por situarla en un espacio igualmente mítico: «Bosque. Es de noche. Grandes troncos húmedos. Ambiente oscuro. Se oyen dos violines.» Huelga cualquier comentario a la grandiosidad de la acción sacrificial misma: «Aparece la Luna... Al segundo grito aparece la Mendiga que queda de espaldas. Abre el manto y queda en el centro como un gran pájaro de alas inmensas. La Luna se detiene. El telón baja en medio de un silencio absoluto.»

Todavía queda el coro de las muchachas que en la canción de la madeja —«Madeja, madeja, / ¿qué quieres hacer?»— están asumiendo la inevitabilidad del destino. Todo culmina en ese gran himno, un verdadero *pange lingua* según Álvarez de Miranda, a la muerte y a su causa, a su misterio y su fascinación. Todo en fin, brota de la tierra y a la tierra vuelve. En el cuadro segundo del Segundo acto cantaba la criada: «Porque el novio es un palomo / con todo el pecho de brasa / y espera el campo el rumor / de la sangre derramada» y, poco después, la Madre, hablando de su otro hijo muerto, dice: «Cuando yo llegué a ver a mi hijo, estaba tumbado en mitad de la calle. Me mojé las manos de sangre y me las lamí con la lengua. Porque era mía. Tú no sabes lo que es eso. En una custodia de cristal y topacios pondría yo la tierra empapada por ella.»

A estas alturas no hará falta, creo, detenerse a explicitar·la otra fidelidad de García Lorca, los puntos de contacto con el teatro español del Siglo de Oro. Todo el ritual de la boda engasta la significación simbólica a que acabo de referirme sobre elementos folclóricos, maridando, como en aquella época, poesía y canto. Igualmente claro resulta el parentesco del Tercer acto con la escenografía de *El caballero de Olmedo* —el bosque, la noche, la sombra— por no referirnos ya al tema de la honra que tantas obras clásicas de nuestro teatro ha vertebrado. Pero no limitemos referencias y modelos a nuestra literatura: se han señalado, por ejemplo, concomitancias con Shakespeare y, más cercanas, con *Jinetes hacia el mar*, de Synge, que pudo leer en la versión de Zenobia Camprubí y Juan Ramón Jiménez. Ni cabe contraer la mirada al ámbito literario: desde un planteamiento de teatralidad integradora, Federico capta e incorpora a BODAS DE SANGRE elementos del simbolismo cromático del modernismo, objetos de la mitología erótica universal y otros elementos provenientes de la pintura y del mundo de las canciones populares.

Con todo ello configura un espectáculo vivo donde se funden realidad y símbolo, historia y mito y en el que el espectador es irresistiblemente atraído a la comunión en el destino universal de la tragedia.

FERNANDO LÁZARO CARRETER
de la Real Academia Española de la Lengua

BIBLIOGRAFÍA

REPERTORIO BIBLIOGRÁFICO

— Francesca Colecchia, ed.: García Lorca. *A Selectively Annotated Bibliography of Criticism*, Nueva York y Londres, Garland, 1979; *García Lorca, An Annotated Primary Bibliography*, ibíd., 1980. Allí se recogen más de tres mil títulos de estudios críticos.

OBRAS GENERALES

— Marcelle Auclair: *vida y muerte de García Lorca*, México, Era, 1972.
— Francisco García Lorca: *Federico y su mundo*, Madrid, Alianza, 1980.
— Carlos Morla Lynch: *En España con Federico García Lorca (Páginas de un diario íntimo. 1928-1936)*, Madrid, Aguilar, 1954. Las tres obras ofrecen datos de interés para conocer el contexto en que brotó y se estrenó BODAS DE SANGRE.

ESTUDIOS

— Marie Laffranque: *Les idées esthétiques de Federico García Lorca*, París, Centre de Recherches Hispaniques, 1967.
— Rupert C. Allen: *Psyche and Symbol in the Theater of Federico García Lorca*, Austin y Londres, University of Texas Press, 1974. La tercera parte ofrece un estudio psicológico de los símbolos de BODAS DE SANGRE.
— Ángel Álvarez de Miranda: *La metáfora y el mito*, Madrid, Taurus, 1963. Estudia la relación de los símbolos lorquianos con los de la mitología religiosa primitiva.
— Gustavo Correa: *La poesía mítica de Federico García Lorca*, Madrid, Gredos, 1970. Interesa el análisis que de los símbolos de BODAS DE SANGRE hace en el cap. III.
— Gwynne Edwards: *El teatro de Federico García Lorca*, Madrid, Gredos, 1983.
— Luis Fernández Cifuentes: *García Lorca y los límites del teatro*, Zaragoza, Prensas Universitarias de Zaragoza, 1987. Interesa, entre otras cosas, el estudio sobre la recepción de BODAS DE SANGRE.
— Miguel García Posada: «Introducción» al vol. III, *Teatro*, de la ed. de *Obras Completas* de F. G. L., Madrid, Akal, 1980.
— Mario Hernández: «Introducción» y «Apéndices» a la ed. de BODAS DE SANGRE, Madrid, Alianza Editorial, 1986.
— Allen Joseph y Juan Caballero: «Introducción» a la ed. de BODAS DE SANGRE, Madrid, Cátedra, 1986.
— David, K. Loughran: «Lorca, Lope and the Idea of a National Theater: BODAS DE SANGRE and *El Caballero de Olmedo*, *García Lorca Review*», III (1980), págs. 127-136.
— Christopher Maurer: «Bach y BODAS DE SANGRE»,

en *Lorca, Fifty Years After. Essays on Lorca's Life and Poetry*, Washington, George Mason University Press, 1986.

— Francisco Ruiz Ramón: *Historia del teatro español. Siglo XX, Madrid, Cátedra, 1975², págs. 173-209.*

— Jean Smoot: *A Comparison of Plays by John Millington Synge and Federico García Lorca: The Poets and Time*, Madrid, Porrúa Turanza, 1978.

BODAS DE SANGRE

TRAGEDIA EN TRES ACTOS Y SIETE CUADROS
(1933)

PERSONAJES

LA MADRE.
LA NOVIA.
LA SUEGRA.
LA MUJER DE LEONARDO.
LA CRIADA.
LA VECINA.
MUCHACHAS.

LEONARDO.
EL NOVIO.
EL PADRE DE LA NOVIA.
LA LUNA.
LA MUERTE *(como mendiga)*.
LEÑADORES.
MOZOS.

ACTO PRIMERO

CUADRO I

Habitación pintada de amarillo

NOVIO
(Entrando)

Madre.

MADRE

¿Qué?

NOVIO

Me voy.

MADRE

¿Adónde?

NOVIO

A la viña. *(Va a salir.)*

MADRE

Espera.

NOVIO

¿Quieres algo?

MADRE

Hijo, el almuerzo.

NOVIO

Déjalo. Comeré uvas. Dame la navaja.

MADRE

¿Para qué?

NOVIO
(Riendo)

Para cortarlas.

MADRE
(Entre dientes y buscándola)

La navaja, la navaja... Malditas sean todas y el
bribón que las inventó.

NOVIO

Vamos a otro asunto.

MADRE

Y las escopetas, y las pistolas, y el cuchillo más
pequeño, y hasta las azadas y los bieldos de la era.

NOVIO

Bueno.

MADRE

Todo lo que puede cortar el cuerpo de un hombre.
Un hombre hermoso, con su flor en la boca, que sale
a las viñas o va a sus olivos propios, porque son de él,
heredados...

NOVIO
(Bajando la cabeza)

Calle usted.

MADRE

... y ese hombre no vuelve. O si vuelve es para po-
nerle una palma encima o un plato de sal gorda para
que no se hinche. No sé cómo te atreves a llevar una
navaja en tu cuerpo, ni cómo yo dejo a la serpiente
dentro del arcón.

NOVIO

¿Está bueno ya?

MADRE

Cien años que yo viviera no hablaría de otra cosa.
Primero, tu padre, que me olía a clavel y lo disfruté
tres años escasos. Luego, tu hermano. ¿Y es justo y
puede ser que una cosa pequeña como una pistola o
una navaja pueda acabar con un hombre, que es un
toro? No callaría nunca. Pasan los meses y la desespe-
ración me pica en los ojos y hasta en las puntas del
pelo.

NOVIO
(Fuerte)

¿Vamos a acabar?

MADRE

No. No vamos a acabar. ¿Me puede alguien traer a
tu padre? ¿Y a tu hermano? Y luego, el presidio.
¿Qué es el presidio? ¡Allí comen, allí fuman, allí to-
can los instrumentos! Mis muertos llenos de hierba,
sin hablar, hechos polvo; dos hombres que eran dos
geranios... Los matadores, en presidio, frescos, viendo
los montes...

NOVIO

¿Es que quiere usted que los mate?

MADRE

No... Si hablo, es porque... ¿Cómo no voy a hablar
viéndote salir por esa puerta? Es que no me gusta que
lleves navaja. Es que..., que no quisiera que salieras
al campo.

NOVIO
(Riendo)

¡Vamos!

MADRE

Que me gustaría que fueras una mujer. No te irías
al arroyo ahora y bordaríamos las dos cenefas y pe-
rritos de lana.

NOVIO

(Coge de un brazo a la MADRE *y ríe)*

Madre, ¿y si yo la llevara conmigo a las viñas?

MADRE

¿Qué hace en las viñas una vieja? ¿Me ibas a meter debajo de los pámpanos?

NOVIO

(Levantándola en sus brazos)

Vieja, revieja, requetevieja.

MADRE

Tu padre sí que me llevaba. Eso es buena casta. Sangre. Tu abuelo dejó a un hijo en cada esquina. Eso me gusta. Los hombres, hombres, el trigo, trigo.

NOVIO

¿Y yo, madre?

MADRE

¿Tú, qué?

NOVIO

¿Necesito decírselo otra vez?

MADRE

(Seria)

¡Ah!

NOVIO

¿Es que le parece mal?

MADRE

No.

NOVIO

¿Entonces?...

MADRE

No lo sé yo misma. Así, de pronto, siempre me sor-
prende. Yo sé que la muchacha es buena. ¿Verdad
que sí? Modosa. Trabajadora. Amasa su pan y cose
sus faldas, y siento, sin embargo, cuando la nombro,
como si me dieran una pedrada en la frente.

NOVIO

Tonterías.

MADRE

Más que tonterías. Es que me quedo sola. Ya no
me quedas más que tú, y siento que te vayas.

NOVIO

Pero usted vendrá con nosotros.

MADRE

No. Yo no puedo dejar aquí solos a tu padre y a tu
hermano. Tengo que ir todas las mañanas, y si me voy

es fácil que muera uno de los Félix, uno de la familia
de los matadores, y lo entierren al lado. ¡Y eso sí que
no! ¡Ca! ¡Eso sí que no! Porque con las uñas los de-
sentierro y yo sola los machaco contra la tapia.

NOVIO
(Fuerte)

Vuelta otra vez.

MADRE

Perdóname. *(Pausa)* ¿Cuánto tiempo llevas en relaciones?

NOVIO

Tres años. Ya pude comprar la viña.

MADRE

Tres años. Ella tuvo un novio, ¿no?

NOVIO

No sé. Creo que no. Las muchachas tienen que mirar con quien se casan.

MADRE

Sí. Yo no miré a nadie. Miré a tu padre, y cuando
lo mataron miré a la pared de enfrente. Una mujer
con un hombre, y ya está.

NOVIO

Usted sabe que mi novia es buena.

MADRE

No lo dudo. De todos modos, siento no saber cómo fue su madre.

NOVIO

¿Qué más da?

MADRE
(Mirándole)

Hijo.

NOVIO

¿Qué quiere usted?

MADRE

¡Que es verdad! ¡Que tienes razón! ¿Cuándo quieres que la pida?

NOVIO
(Alegre)

¿Le parece bien el domingo?

MADRE
(Seria)

Le llevaré los pendientes de azófar, que son antiguos, y tú le compras...

NOVIO

Usted entiende más...

MADRE

Le compras unas medias caladas, y para ti dos trajes... ¡Tres! ¡No te tengo más que a ti!

NOVIO

Me voy. Mañana iré a verla.

MADRE

Sí, sí; y a ver si me alegras con seis nietos, o los que te dé la gana, ya que tu padre no tuvo lugar de hacérmelos a mí.

NOVIO

El primero para usted.

MADRE

Sí, pero que haya niñas. Que yo quiero bordar y hacer encaje y estar tranquila.

NOVIO

Estoy seguro que usted querrá a mi novia.

MADRE

La querré. *(Se dirige a besarlo y reacciona.)* Anda, ya estás muy grande para besos. Se los das a tu mujer. *(Pausa. Aparte.)* Cuando lo sea.

NOVIO

Me voy.

MADRE

Que caves bien la parte del molinillo, que la tienes descuidada.

NOVIO

¡Lo dicho!

MADRE

Anda con Dios. *(Vase el* NOVIO. *La* MADRE *queda sentada de espaldas a la puerta. Aparece en la puerta una* VECINA *vestida de color oscuro, con pañuelo a la cabeza.)* Pasa.

VECINA

¿Cómo estás?

MADRE

Ya ves.

VECINA

Yo bajé a la tienda y vine a verte. ¡Vivimos tan lejos!...

MADRE

Hace veinte años que no he subido a lo alto de la calle.

VECINA

Tú estás bien.

MADRE

¿Lo crees?

VECINA

Las cosas pasan. Hace dos días trajeron al hijo de
mi vecina con los dos brazos cortados por la máquina.
(Se sienta.)

MADRE

¿A Rafael?

VECINA

Sí. Y allí lo tienes. Muchas veces pienso que tu hijo
y el mío están mejor donde están, dormidos, descan-
sando, que no expuestos a quedarse inútiles.

MADRE

Calla. Todo eso son invenciones, pero no consuelos.

VECINA

¡Ay!

MADRE

¡Ay!

(Pausa.)

VECINA
(Triste)

¿Y tu hijo?

MADRE

Salió.

VECINA

¡Al fin compró la viña!

MADRE

Tuvo suerte.

VECINA

Ahora se casará.

MADRE
(Como despertando y acercando su silla a la silla de la VECINA*)*

Oye.

VECINA
(En plan confidencial)

Dime.

MADRE

¿Tú conoces a la novia de mi hijo?

VECINA

¡Buena muchacha!

MADRE

Sí, pero...

VECINA

Pero quien la conozca a fondo no hay nadie. Vive sola con su padre allí, tan lejos, a diez leguas de la casa más cerca. Pero es buena. Acostumbrada a la soledad.

MADRE

¿Y su madre?

VECINA

A su madre la conocí. Hermosa. Le relucía la cara como a un santo; pero a mí no me gustó nunca. No quería a su marido.

MADRE
(Fuerte)

Pero ¡cuántas cosas sabéis las gentes!

VECINA

Perdona. No quisiera ofender; pero es verdad. Ahora, si fue decente o no, nadie lo dijo. De esto no se ha hablado. Ella era orgullosa.

MADRE

¡Siempre igual!

VECINA

Tú me preguntaste.

MADRE

Es que quisiera que ni a la viva ni a la muerta las conociera nadie. Que fueran como dos cardos, que ninguna persona los nombra y pinchan si llega el momento.

VECINA

Tienes razón. Tu hijo vale mucho.

MADRE

Vale. Por eso lo cuido. A mí me habían dicho que la muchacha tuvo novio hace tiempo.

VECINA

Tendría ella quince años. Él se casó ya hace dos años con una prima de ella, por cierto. Nadie se acuerda del noviazgo.

MADRE

¿Cómo te acuerdas tú?

VECINA

¡Me haces unas preguntas!...

MADRE

A cada uno le gusta enterarse de lo que le duele. ¿Quién fue el novio?

VECINA

Leonardo.

MADRE

¿Qué Leonardo?

VECINA

Leonardo el de los Félix.

MADRE
(Levantándose)

¡De los Félix!

VECINA

Mujer, ¿qué culpa tiene Leonardo de nada? Él tenía ocho años cuando las cuestiones.

MADRE

Es verdad... Pero oigo eso de Félix y es lo mismo *(Entre dientes.)* Félix que llenárseme de cieno la boca *(Escupe.)*, y tengo que escupir, tengo que escupir por no matar.

VECINA

Repórtate. ¿Qué sacas con eso?

MADRE

Nada. Pero tú lo comprendes.

VECINA

No te opongas a la felicidad de tu hijo. No le digas nada. Tú estás vieja. Yo, también. A ti y a mí nos toca callar.

MADRE

No le diré nada.

VECINA
(Besándola)

Nada.

MADRE
(Serena)

¡Las cosas!...

VECINA

Me voy, que pronto llegará mi gente del campo.

MADRE

¿Has visto qué día de calor?

VECINA

Iban negros los chiquillos que llevan el agua a los segadores. Adiós, mujer.

MADRE

Adiós. *(Se dirige a la puerta de la izquierda. En medio del camino se detiene y lentamente se santigua.)*

Telón

CUADRO II

Habitación pintada de rosa con cobres y ramos de flores populares.
En el centro, una mesa con mantel. Es la mañana. SUEGRA *de* LEO-
NARDO *con un niño en brazos. Lo mece. La* MUJER, *en la otra es-*
quina, hace punto de media

SUEGRA

Nana, niño, nana
del caballo grande
que no quiso el agua.
El agua era negra
dentro de las ramas.
Cuando llega el puente
se detiene y canta.
¿Quién dirá, mi niño,
lo que tiene el agua
con su larga cola
por su verde sala?

MUJER
(Bajo)

Duérmete, clavel,
que el caballo no quiere beber.

SUEGRA

Duérmete, rosal,
que el caballo se pone a llorar.
Las patas heridas,
las crines heladas,
dentro de los ojos
un puñal de plata.
Bajaban al río.
¡Ay, cómo bajaban!
La sangre corría
más fuerte que el agua.

MUJER

Duérmete, clavel,
que el caballo no quiere beber.

SUEGRA

Duérmete, rosal,
que el caballo se pone a llorar.

MUJER

No quiso tocar
la orilla mojada,
su belfo caliente
con moscas de plata.
A los montes duros
solo relinchaba
con el río muerto
sobre la garganta.
¡Ay caballo grande
que no quiso el agua!
¡Ay dolor de nieve,
caballo del alba!

SUEGRA

¡No vengas! Detente,
cierra la ventana
con rama de sueños
y sueño de ramas.

MUJER

Mi niño se duerme.

SUEGRA

Mi niño se calla.

MUJER

Caballo, mi niño
tiene una almohada.

SUEGRA

Su cuna de acero.

MUJER

Su colcha de holanda.

SUEGRA

Nana, niño, nana.

MUJER

¡Ay caballo grande
que no quiso el agua!

SUEGRA

¡No vengas, no entres!
Vete a la montaña.
Por los valles grises
donde está la jaca.

MUJER
(Mirando)

Mi niño se duerme.

SUEGRA

Mi niño descansa.

MUJER
(Bajito)

Duérmete, clavel,
que el caballo no quiere beber.

SUEGRA
(Levantándose, y muy bajito)

Duérmete, rosal,
que el caballo se pone a llorar.
            (Entran al niño. Entra LEONARDO.*)*

LEONARDO

¿Y el niño?

MUJER

Se durmió.

LEONARDO

Ayer no estuvo bien. Lloró por la noche.

MUJER
(Alegre)

Hoy está como una dalia. ¿Y tú? ¿Fuiste a casa del herrador?

LEONARDO

De allí vengo. ¿Querrás creer? Llevo más de dos meses poniendo herraduras nuevas al caballo y siempre se le caen. Por lo visto se las arranca con las piedras.

MUJER

¿Y no será que lo usas mucho?

LEONARDO

No. Casi no lo utilizo.

MUJER

Ayer me dijeron las vecinas que te habían visto al límite de los llanos.

LEONARDO

¿Quién lo dijo?

MUJER

Las mujeres que cogen las alcaparras. Por cierto que me sorprendió. ¿Eras tú?

LEONARDO

No. ¿Qué iba a hacer yo allí en aquel secano?

MUJER

Eso dije. Pero el caballo estaba reventando de sudor.

LEONARDO

¿Lo viste tú?

MUJER

No. Mi madre.

LEONARDO

¿Está con el niño?

MUJER

Sí. ¿Quieres un refresco de limón?

LEONARDO

Con el agua bien fría.

MUJER

¡Cómo no viniste a comer!...

LEONARDO

Estuve con los medidores del trigo. Siempre entretienen.

MUJER
(Haciendo el refresco y muy tierna)

¿Y lo pagan a buen precio?

LEONARDO

El justo.

MUJER

Me hace falta un vestido y al niño una gorra con lazos.

LEONARDO
(Levantándose)

Voy a verlo.

MUJER

Ten cuidado, que está dormido.

SUEGRA
(Saliendo)

Pero ¿quién da esas carreras al caballo? Está abajo, tendido, con los ojos desorbitados, como si llegara del fin del mundo.

LEONARDO
(Agrio)

Yo.

SUEGRA

Perdona; tuyo es.

MUJER

(Tímida)

Estuvo con los medidores del trigo.

SUEGRA

Por mí, que reviente. *(Se sienta.)*

(Pausa.)

MUJER

El refresco. ¿Está frío?

LEONARDO

Sí.

MUJER

¿Sabes que piden a mi prima?

LEONARDO

¿Cuándo?

MUJER

Mañana. La boda será dentro de un mes. Espero que vendrán a invitarnos.

LEONARDO

(Serio)

No sé.

SUEGRA

La madre de él creo que no estaba muy satisfecha con el casamiento.

LEONARDO

Y quizá tenga razón. Ella es de cuidado.

MUJER

No me gusta que penséis mal de una buena muchacha.

SUEGRA

Pero cuando dice eso es porque la conoce. ¿No ves que fue tres años novia suya? *(Con intención.)*

LEONARDO

Pero la dejé. *(A su* MUJER.) ¿Vas a llorar ahora? ¡Quita! *(La aparta bruscamente las manos de la cara.)* Vamos a ver al niño. *(Entran abrazados.)*

(Aparece la MUCHACHA, *alegre. Entra corriendo.)*

MUCHACHA

Señora.

SUEGRA

¿Qué pasa?

MUCHACHA

Llegó el novio a la tienda y ha comprado todo lo mejor que había.

SUEGRA

¿Vino solo?

MUCHACHA

No, con su madre. Seria, alta. *(La imita.)* Pero ¡qué lujo!

SUEGRA

Ellos tienen dinero.

MUCHACHA

¡Y compraron unas medias caladas!... ¡Ay, qué medias! ¡El sueño de las mujeres en medias! Mire usted: una golondrina aquí *(Señala el tobillo.)*, un barco aquí *(Señala la pantorrilla.)* y aquí una rosa. *(Señala el muslo.)*

SUEGRA

¡Niña!

MUCHACHA

¡Una rosa con las semillas y el tallo! ¡Ay! ¡Todo en seda!

SUEGRA

Se van a juntar dos buenos capitales.
(Aparecen LEONARDO *y su* MUJER.*)*

MUCHACHA

Vengo a deciros lo que están comprando.

LEONARDO
(Fuerte)

No nos importa.

MUJER

Déjala.

SUEGRA

Leonardo, no es para tanto.

MUCHACHA

Usted dispense. *(Se va llorando.)*

SUEGRA

¿Qué necesidad tienes de ponerte a mal con las gentes?

LEONARDO

No le he preguntado su opinión. *(Se sienta.)*

SUEGRA

Está bien.

(Pausa.)

MUJER
(A LEONARDO)

¿Qué te pasa? ¿Qué idea te bulle por dentro de la cabeza? No me dejes así, sin saber nada...

LEONARDO

Quita.

MUJER

No. Quiero que me mires y me lo digas.

LEONARDO

Déjame. *(Se levanta.)*

MUJER

¿Adónde vas, hijo?

LEONARDO
(Agrio)

¿Te puedes callar?

SUEGRA
(Enérgica, a su hija)

¡Cállate! *(Sale* LEONARDO.*)* ¡El niño! *(Entra y vuelve a salir con él en brazos.)*
(La MUJER *ha permanecido de pie, inmóvil.)*

Las patas heridas,
las crines heladas,
dentro de los ojos
un puñal de plata.
Bajaban al río.
La sangre corría
más fuerte que el agua.

MUJER
(Volviéndose lentamente y como soñando)

Duérmete, clavel,
que el caballo se pone a beber.

SUEGRA

Duérmete, rosal,
que el caballo se pone a llorar.

MUJER

Nana, niño, nana.

SUEGRA

¡Ay, caballo grande,
que no quiso el agua!

MUJER
(Dramática)

¡No vengas, no entres!
¡Vete a la montaña!
¡Ay dolor de nieve,
caballo del alba!

SUEGRA
(Llorando)

Mi niño se duerme...

MUJER
(Llorando y acercándose lentamente)

Mi niño descansa...

SUEGRA

Duérmete, clavel,
que el caballo no quiere beber.

MUJER
(Llorando y apoyándose sobre la mesa)

Duérmete, rosal,
que el caballo se pone a llorar.

Telón

CUADRO III

Interior de la cueva donde vive la NOVIA. *Al fondo, una cruz de grandes flores rosa. Las puertas, redondas, con cortinajes de encaje y lazos rosa. Por las paredes, de material blanco y duro, abanicos redondos, jarros azules y pequeños espejos.*

CRIADA

Pasen... *(Muy afable, llena de hipocresía humilde. Entran el* NOVIO *y su* MADRE. *La* MADRE *viste de raso negro y lleva mantilla de encaje. El* NOVIO, *de pana negra con gran cadena de oro.)* ¿Se quieren sentar? Ahora vienen. *(Sale.)*

> *(Quedan* MADRE *e* HIJO *sentados, inmóviles como estatuas. Pausa larga.)*

MADRE

¿Traes el reloj?

NOVIO

Sí. *(Lo saca y lo mira.)*

MADRE

Tenemos que volver a tiempo. ¡Qué lejos vive esta gente!

NOVIO

Pero estas tierras son buenas.

MADRE

Buenas; pero demasiado solas. Cuatro horas de camino y ni una casa ni un árbol.

NOVIO

Estos son los secanos.

MADRE

Tu padre los hubiera cubierto de árboles.

NOVIO

¿Sin agua?

MADRE

Ya la hubiera buscado. Los tres años que estuvo casado conmigo, plantó diez cerezos. *(Haciendo memoria.)* Los tres nogales del molino, toda una viña y una planta que se llama Júpiter, que da flores encarnadas, y se secó.
(Pausa.)

NOVIO
(Por la NOVIA*)*

Debe estar vistiéndose.

(Entra el PADRE DE LA NOVIA. *Es anciano, con el cabello blanco, reluciente. Lleva la cabeza inclinada. La* MADRE *y el* NOVIO *se levantan y se dan las manos en silencio.)*

PADRE

¿Mucho tiempo de viaje?

MADRE

Cuatro horas. *(Se sientan.)*

PADRE

Habéis venido por el camino más largo.

MADRE

Yo estoy ya vieja para andar por las terreras del río.

NOVIO

Se marea. *(Pausa.)*

PADRE

Buena cosecha de esparto.

NOVIO

Buena de verdad.

PADRE

En mi tiempo, ni esparto daba esta tierra. Ha sido necesario castigarla y hasta llorarla, para que nos dé algo provechoso.

MADRE

Pero ahora da. No te quejes. Yo no vengo a pedirte nada.

PADRE

(Sonriendo)

Tú eres más rica que yo. Las viñas valen un capital. Cada pámpano una moneda de plata. Lo que siento es que las tierras..., ¿entiendes?..., estén separadas. A mí me gusta todo junto. Una espina tengo en el corazón, y es la huertecilla esa metida entre mis tierras, que no me quieren vender por todo el oro del mundo.

NOVIO

Eso pasa siempre.

PADRE

Si pudiéramos con veinte pares de bueyes traer tus viñas aquí y ponerlas en la ladera. ¡Qué alegría!...

MADRE

¿Para qué?

PADRE

Lo mío es de ella y lo tuyo de él. Por eso. Para verlo todo junto, ¡que junto es una hermosura!

NOVIO

Y sería menos trabajo.

MADRE

Cuando yo me muera, vendéis aquello y compráis aquí al lado.

PADRE

Vender, ¡vender! ¡Bah!; comprar hija, comprarlo
todo. Si yo hubiera tenido hijos hubiera comprado
todo este monte hasta la parte del arroyo. Porque no
es buena tierra; pero con brazos se la hace buena, y
como no pasa gente no te roban los frutos y puedes
dormir tranquilo.

(Pausa.)

MADRE

Tú sabes a lo que vengo.

PADRE

Sí.

MADRE

¿Y qué?

PADRE

Me parece bien. Ellos lo han hablado.

MADRE

Mi hijo tiene y puede.

PADRE

Mi hija también.

MADRE

Mi hijo es hermoso. No ha conocido mujer. La
honra más limpia que una sábana puesta al sol.

PADRE

Qué te digo de la mía. Hace las migas a las tres, cuando el lucero. No habla nunca; suave como la lana, borda toda clase de bordados y puede cortar una maroma con los dientes.

MADRE

Dios bendiga su casa.

PADRE

Que Dios la bendiga.
(Aparece la CRIADA *con dos bandejas. Una con copas y la otra con dulces.)*

MADRE
(Al HIJO)

¿Cuándo queréis la boda?

NOVIO

El jueves próximo.

PADRE

Día en que ella cumple veintidós años justos.

MADRE

¡Veintidós años! Esa edad tendría mi hijo mayor si viviera. Que viviría caliente y macho como era, si los hombres no hubieran inventado las navajas.

PADRE

En eso no hay que pensar.

MADRE

Cada minuto. Métete la mano en el pecho.

PADRE

Entonces el jueves. ¿No es así?

NOVIO

Así es.

PADRE

Los novios y nosotros iremos en coche hasta la iglesia, que está muy lejos, y el acompañamiento en los
carros y en las caballerías que traigan.

MADRE

Conformes.

(Pasa la CRIADA.)

PADRE

Dile que ya puede entrar. *(A la* MADRE.) Celebraré
mucho que te guste.

(Aparece la NOVIA. *Trae las manos caídas en actitud
modesta y la cabeza baja.)*

MADRE

Acércate. ¿Estás contenta?

NOVIA

Sí, señora.

PADRE

No debes estar seria. Al fin y al cabo ella va a ser tu madre.

NOVIA

Estoy contenta. Cuando he dado el sí es porque quiero darlo.

MADRE

Naturalmente. *(Le coge la barbilla.)* Mírame.

PADRE

Se parece en todo a mi mujer.

MADRE

¿Sí? ¡Qué hermoso mirar! ¿Tú sabes lo que es casarse, criatura?

NOVIA
(Seria)

Lo sé.

MADRE

Un hombre, unos hijos y una pared de dos varas de ancho para todo lo demás.

NOVIO

¿Es que hace falta otra cosa?

MADRE

No. Que vivan todos, ¡eso! ¡Que vivan!

NOVIA

Yo sabré cumplir.

MADRE

Aquí tienes unos regalos.

NOVIA

Gracias.

PADRE

¿No tomamos algo?

MADRE

Yo no quiero. (*Al* NOVIO.) ¿Y tú?

NOVIO

Tomaré. (*Toma un dulce. La* NOVIA *toma otro.*)

PADRE
(*Al* NOVIO)

¿Vino?

MADRE

No lo prueba.

PADRE

¡Mejor!   *(Pausa. Todos están de pie.)*

NOVIO
(A la NOVIA*)*

Mañana vendré.

NOVIA

¿A qué hora?

NOVIO

A las cinco.

NOVIA

Yo te espero.

NOVIO

Cuando me voy de tu lado siento un despego grande y así como un nudo en la garganta.

NOVIA

Cuando seas mi marido ya no lo tendrás.

NOVIO

Eso digo yo.

MADRE

Vamos. El sol no espera. *(Al* PADRE.*)* ¿Conformes en todo?

PADRE

Conformes.

MADRE
(A la CRIADA*)*

Adiós, mujer.

CRIADA

Vayan ustedes con Dios.
(La MADRE *besa a la* NOVIA *y van saliendo en silencio.)*

MADRE
(En la puerta)

Adiós, hija.

(La NOVIA *contesta con la mano.)*

PADRE

Yo salgo con vosotros.   *(Salen.)*

CRIADA

Que reviento por ver los regalos.

NOVIA
(Agria)

Quita.

CRIADA

¡Ay, niña, enséñamelos!

NOVIA

No quiero.

CRIADA

Siquiera las medias. Dicen que son todas caladas.
¡Mujer!

NOVIA

¡Ea, que no!

CRIADA

Por Dios. Está bien. Parece como si no tuvieras
ganas de casarte.

NOVIA
(Mordiéndose la mano con rabia)

¡Ay!

CRIADA

Niña, hija, ¿qué te pasa? ¿Sientes dejar tu vida de
reina? No pienses en cosas agrias. ¿Tienes motivo?
Ninguno. Vamos a ver los regalos. *(Coge la caja.)*

NOVIA
(Cogiéndola de las muñecas)

Suelta.

CRIADA

¡Ay, mujer!

NOVIA

Suelta he dicho.

CRIADA

Tienes más fuerza que un hombre.

NOVIA

¿No he hecho yo trabajos de hombre? ¡Ojalá fuera!

CRIADA

¡No hables así!

NOVIA

Calla he dicho. Hablemos de otro asunto.
(La luz va desapareciendo de la escena. Pausa larga.)

CRIADA

¿Sentiste anoche un caballo?

NOVIA

¿A qué hora?

CRIADA

A las tres.

NOVIA

Sería un caballo suelto de la manada.

CRIADA

No. Llevaba jinete.

NOVIA

¿Por qué lo sabes?

CRIADA

Porque lo vi. Estuvo parado en tu ventana. Me chocó mucho.

NOVIA

¿No sería mi novio? Algunas veces ha pasado a esas horas.

CRIADA

No.

NOVIA

¿Tú le viste?

CRIADA

Sí.

NOVIA

¿Quién era?

CRIADA

Era Leonardo.

NOVIA
(Fuerte)

¡Mentira! ¡Mentira! ¿A qué viene aquí?

CRIADA

Vino.

NOVIA

¡Cállate! ¡Maldita sea tu lengua!

(Se siente el ruido de un caballo.)

CRIADA
(En la ventana)

Mira, asómate. ¿Era?

NOVIA

¡Era!

Telón rápido

ACTO SEGUNDO

CUADRO I

Zaguán de casa de la Novia. *Portón al fondo. Es de noche. La* No-via *sale con enaguas blancas encañonadas, llenas de encajes y puntas bordadas, y un corpiño blanco, con los brazos al aire. La* Criada *lo mismo*

Criada

Aquí te acabaré de peinar.

Novia

No se puede estar ahí dentro, del calor.

Criada

En estas tierras no refresca ni al amanecer.
(Se sienta la Novia *en una silla baja y se mira en un espejito de mano. La* Criada *la peina.)*

Novia

Mi madre era de un sitio donde había muchos árboles. De tierra rica.

CRIADA

¡Así era ella de alegre!

NOVIA

Pero se consumió aquí.

CRIADA

El sino.

NOVIA

Como nos consumimos todas. Echan fuego las paredes. ¡Ay!, no tires demasiado.

CRIADA

Es para arreglarte mejor esta onda. Quiero que te
caiga sobre la frente. *(La NOVIA se mira en el espejo.)*
¡Qué hermosa estás! ¡Ay! *(La besa apasionadamente.)*

NOVIA
(Seria)

Sigue peinándome.

CRIADA
(Peinándola)

¡Dichosa tú que vas a abrazar a un hombre, que lo vas
a besar, que vas a sentir su peso!

NOVIA

Calla.

CRIADA

Y lo mejor es cuando te despiertes y lo sientas al lado
y que él te roza los hombros con su aliento, como con
una plumilla de ruiseñor.

NOVIA
(Fuerte)

¿Te quieres callar?

CRIADA

¡Pero, niña! Una boda, ¿qué es? Una boda es esto y
nada más. ¿Son los dulces? ¿Son los ramos de flores?
No. Es una cama relumbrante y un hombre y una
mujer.

NOVIA

No se debe decir.

CRIADA

Eso es otra cosa. ¡Pero es bien alegre!

NOVIA

O bien amargo.

CRIADA

El azahar te lo voy a poner desde aquí hasta aquí,
de modo que la corona luzca sobre el peinado. *(Le
prueba un ramo de azahar.)*

NOVIA

(Se mira en el espejo)

Trae. *(Coge el azahar y lo mira y deja caer la cabeza abatida.)*

CRIADA

¿Qué es esto?

NOVIA

Déjame.

CRIADA

No son horas de ponerse triste. *(Animosa.)* Trae el azahar. *(La* NOVIA *tira el azahar.)* ¡Niña! ¿Qué castigo pides tirando al suelo la corona? ¡Levanta esa frente! ¿Es que no te quieres casar? Dilo. Todavía te puedes arrepentir. *(Se levanta.)*

NOVIA

Son nublos. Un mal aire en el centro, ¿quién no lo tiene?

CRIADA

Tú quieres a tu novio.

NOVIA

Lo quiero.

CRIADA

Sí, sí, estoy segura.

NOVIA

Pero este es un paso muy grande.

CRIADA

Hay que darlo.

NOVIA

Ya me he comprometido.

CRIADA

Te voy a poner la corona.

NOVIA
(Se sienta)

Date prisa, que ya deben ir llegando.

CRIADA

Ya llevarán lo menos dos horas de camino.

NOVIA

¿Cuánto hay de aquí a la iglesia?

CRIADA

Cinco leguas por el arroyo, que por el camino hay
el doble.

(La NOVIA *se levanta y la* CRIADA *se entusiasma al
verla.)*

> Despierte la novia
> la mañana de la boda.
> ¡Que los ríos del mundo
> lleven tu corona!

NOVIA
(Sonriente)

Vamos.

CRIADA
(La besa entusiasmada y baila alrededor)

Que despierte
con el ramo verde
del laurel florido.
¡Que despierte
por el tronco y la rama
de los laureles!

(Se oyen unos aldabonazos.)

NOVIA

¡Abre! Deben ser los primeros convidados.
(Entra.)

(La CRIADA *abre sorprendida.)*

CRIADA

¿Tú?

LEONARDO

Yo. Buenos días.

CRIADA

¡El primero!

LEONARDO

¿No me han convidado?

CRIADA

Sí.

LEONARDO

Por eso vengo.

CRIADA

¿Y tu mujer?

LEONARDO

Yo vine a caballo. Ella se acerca por el camino.

CRIADA

¿No te has encontrado a nadie?

LEONARDO

Los pasé con el caballo.

CRIADA

Vas a matar al animal con tanta carrera.

LEONARDO

¡Cuando se muera, muerto está!

(Pausa.)

CRIADA

Siéntate. Todavía no se ha levantado nadie.

LEONARDO

¿Y la novia?

CRIADA

Ahora mismo la voy a vestir.

LEONARDO

¡La novia! ¡Estará contenta!

CRIADA
(Variando la conversación)

¿Y el niño?

LEONARDO

¿Cuál?

CRIADA

Tu hijo.

LEONARDO
(Recordando como soñoliento)

¡Ah!

CRIADA

¿Lo traen?

LEONARDO

No.

(Pausa. Voces cantando muy lejos.)

VOCES

¡Despierte la novia
la mañana de la boda!

LEONARDO

Despierte la novia
la mañana de la boda.

CRIADA

Es la gente. Vienen lejos todavía.

LEONARDO
(Levantándose)

La novia llevará una corona grande, ¿no? No debía
ser tan grande. Un poco más pequeña le sentaría mejor. ¿Y trajo ya el novio el azahar que se tiene que
poner en el pecho?

NOVIA
*(Apareciendo todavía en enaguas y con la corona
de azahar puesta)*

Lo trajo.

CRIADA
(Fuerte)

No salgas así.

NOVIA

¿Qué más da? *(Seria.)* ¿Por qué preguntas si trajeron el azahar? ¿Llevas intención?

LEONARDO

Ninguna. ¿Qué intención iba a tener? *(Acercándose.)* Tú, que me conoces, sabes que no la llevo. Dímelo. ¿Quién he sido yo para ti? Abre y refresca tu recuerdo. Pero dos bueyes y una mala choza son casi nada. Esa es la espina.

NOVIA

¿A qué vienes?

LEONARDO

A ver tu casamiento.

NOVIA

¡También yo vi el tuyo!

LEONARDO

Amarrado por ti, hecho con tus dos manos. A mí me pueden matar, pero no me pueden escupir. Y la plata, que brilla tanto, escupe algunas veces.

NOVIA

¡Mentira!

LEONARDO

No quiero hablar, porque soy hombre de sangre, y no quiero que todos estos cerros oigan mis voces.

NOVIA

Las mías serían más fuertes.

CRIADA

Estas palabras no pueden seguir. Tú no tienes que hablar de lo pasado. *(La* CRIADA *mira a las puertas presa de inquietud.)*

NOVIA

Tienes razón. Yo no debo hablarte siquiera. Pero se me calienta el alma de que vengas a verme y atisbar mi boda y preguntes con intención por el azahar. Vete y espera a tu mujer en la puerta.

LEONARDO

¿Es que tú y yo no podemos hablar?

CRIADA
(Con rabia)

No; no podéis hablar.

LEONARDO

Después de mi casamiento he pensado noche y día de quién era la culpa, y cada vez que pienso sale una culpa nueva que se come a la otra; pero ¡siempre hay culpa!

NOVIA

Un hombre con su caballo sabe mucho y puede mucho para poder estrujar a una muchacha metida en un desierto. Pero yo tengo orgullo. Por eso me caso. Y me encerraré con mi marido, a quien tengo que querer por encima de todo.

LEONARDO

El orgullo no te servirá de nada. *(Se acerca.)*

NOVIA

¡No te acerques!

LEONARDO

Callar y quemarse es el castigo más grande que nos podemos echar encima. ¿De qué me sirvió a mí el orgullo y el no mirarte y el dejarte despierta noches y noches? ¡De nada! ¡Sirvió para echarme fuego encima! Porque tú crees que el tiempo cura y que las paredes tapan, y no es verdad, no es verdad. ¡Cuando las cosas llegan a los centros, no hay quien las arranque!

NOVIA
(Temblando)

No puedo oírte. No puedo oír tu voz. Es como si me bebiera una botella de anís y me durmiera en una colcha de rosas. Y me arrastra y sé que me ahogo, pero voy detrás.

CRIADA
(Cogiendo a LEONARDO *por las solapas)*

¡Debes irte ahora mismo!

LEONARDO

Es la última vez que voy a hablar con ella. No temas nada.

NOVIA

Y sé que estoy loca y sé que tengo el pecho podrido de aguantar, y aquí estoy quieta por oírlo, por verlo menear los brazos.

LEONARDO

No me quedo tranquilo si no te digo estas cosas. Yo me casé. Cásate tú ahora.

CRIADA
(A LEONARDO)

¡Y se casa!

VOCES
(Cantando más cerca)

Despierte la novia
la mañana de la boda.

NOVIA

¡Despierte la novia!

(Sale corriendo a su cuarto.)

CRIADA

Ya está aquí la gente. (*A LEONARDO.*) No te vuelvas a acercar a ella.

LEONARDO

Descuida. *(Sale por la izquierda.)*

(Empieza a clarear el día.)

MUCHACHA 1.ª
(Entrando)

Despierte la novia
la mañana de la boda;
ruede la ronda
y en cada balcón una corona.

VOCES

¡Despierte la novia!

CRIADA
(Moviendo algaraza)

Que despierte
con el ramo verde
del amor florido.
¡Que despierte
por el tronco y la rama
de los laureles!

MUCHACHA 2.ª
(Entrando)

Que despierte
con el largo pelo,
camisa de nieve,
botas de charol y plata
y jazmines en la frente.

CRIADA

¡Ay pastora,
que la luna asoma!

MUCHACHA 1.ª

¡Ay galán,
deja tu sombrero por el olivar!

MOZO 1.º
(Entrando con el sombrero en alto)

Despierte la novia,
que por los campos viene
rondando la boda,
con bandejas de dalias
y panes de gloria.

VOCES

¡Despierte la novia!

MUCHACHA 2.ª

La novia
se ha puesto su blanca corona,
y el novio
se la prende con lazos de oro.

CRIADA

Por el toronjil
la novia no puede dormir.

MUCHACHA 3.ª
(Entrando)

Por el naranjel
el novio le ofrece cuchara y mantel.

(Entran tres CONVIDADOS.*)*

Mozo 1.º

¡Despierta, paloma!
El alba despeja
campanas de sombra.

Convidado

La novia, la blanca novia,
hoy doncella,
mañana señora.

Muchacha 1.ª

Baja, morena,
arrastrando tu cola de seda.

Convidado

Baja, morenita,
que llueve rocío la mañana fría.

Mozo 1.º

Despertad, señora, despertad,
porque viene el aire lloviendo azahar.

Criada

Un árbol quiero bordarle
lleno de cintas granates
y en cada cinta un amor
con vivas alrededor.

Voces

Despierte la novia.

MOZO 1.º

¡La mañana de la boda!

CONVIDADO

La mañana de la boda
qué galana vas a estar;
pareces, flor de los montes,
la mujer de un capitán.

PADRE
(Entrando)

La mujer de un capitán
se lleva el novio.
¡Ya viene con sus bueyes por el tesoro!

MUCHACHA 3.ª

El novio
parece la flor del oro.
Cuando camina,
a sus plantas se agrupan las clavellinas.

CRIADA

¡Ay mi niña dichosa!

MOZO 2.º

Que despierte la novia.

CRIADA

¡Ay mi galana!

MUCHACHA 1.ª

La boda está llamando
por las ventanas

MUCHACHA 2.ª

Que salga la novia.

MUCHACHA 1.ª

¡Que salga, que salga!

CRIADA

¡Que toquen y repiquen
las campanas!

MOZO 1.º

¡Que viene aquí! ¡Que sale ya!

CRIADA

¡Como un toro, la boda
levantándose está!

(Aparece la NOVIA. *Lleva un traje negro mil novecientos, con caderas y larga cola rodeada de gasas plisadas y encajes duros. Sobre
el peinado de visera lleva la corona de azahar. Suenan las guitarras.
Las* MUCHACHAS *besan a la* NOVIA)

MUCHACHA 3.ª

¿Qué esencia te echaste en el pelo?

NOVIA
(Riendo)

Ninguna.

MUCHACHA 2.ª
(Mirando el traje)

La tela es de lo que no hay.

MOZO 1.º

¡Aquí está el novio!

NOVIO

¡Salud!

MUCHACHA 1.ª
(Poniéndole una flor en la oreja)

El novio
parece la flor del oro.

MUCHACHA 2.ª

¡Aires de sosiego
le manan los ojos!
(El NOVIO *se dirige al lado de la* NOVIA.)

NOVIA

¿Por qué te pusiste esos zapatos?

NOVIO

Son más alegres que los negros.

MUJER DE LEONARDO
(Entrando y besando a la NOVIA)

¡Salud!

(Hablan todas con algazara.)

LEONARDO
(Entrando como quien cumple un deber)

La mañana de casada
la corona te ponemos.

MUJER

¡Para que el campo se alegre
con el agua de tu pelo!

MADRE
(Al PADRE)

¿También están ésos aquí?

PADRE

Son familia. ¡Hoy es día de perdones!

MADRE

Me aguanto, pero no perdono.

NOVIO

¡Con la corona da alegría mirarte!

NOVIA

¡Vámonos pronto a la iglesia!

NOVIO

¿Tienes prisa?

NOVIA

Sí. Estoy deseando ser tu mujer y quedarme sola contigo, y no oír más voz que la tuya.

NOVIO

¡Eso quiero yo!

NOVIA

Y no ver más que tus ojos. Y que me abrazaras tan fuerte, que aunque me llamara mi madre, que está muerta, no me pudiera despegar de ti.

NOVIO

Yo tengo fuerza en los brazos. Te voy a abrazar cuarenta años seguidos.

NOVIA
(Dramática, cogiéndole del brazo)

¡Siempre!

PADRE

¡Vamos pronto! ¡A coger las caballerías y los carros! Que ya ha salido el sol.

MADRE

¡Que llevéis cuidado! No sea que tengamos mala hora.

(Se abre el gran portón del fondo. Empiezan a salir.)

CRIADA
(Llorando)

Al salir de tu casa,
blanca doncella,
acuérdate que sales
como una estrella...

MUCHACHA 1.ª

Limpia de cuerpo y ropa
al salir de tu casa para la boda.
                              (Van saliendo.)

MUCHACHA 2.ª

¡Ya sales de tu casa
para la iglesia!

CRIADA

¡El aire pone flores
por las arenas!

MUCHACHA 3.ª

¡Ay la blanca niña!

CRIADA

Aire oscuro el encaje
de su mantilla.
            *(Salen. Se oyen guitarras, palillos y panderetas.
            Quedan solos* LEONARDO *y su* MUJER.)

MUJER

Vamos.

LEONARDO

¿Adónde?

MUJER

A la iglesia. Pero no vas en el caballo. Vienes conmigo.

LEONARDO

¿En el carro?

MUJER

¿Hay otra cosa?

LEONARDO

Yo no soy hombre para ir en carro.

MUJER

Y yo no soy mujer para ir sin su marido a un casamiento. ¡Que no puedo más!

LEONARDO

¡Ni yo tampoco!

MUJER

¿Por qué me miras así? Tienes una espina en cada ojo.

LEONARDO

¡Vamos!

MUJER

No sé lo que pasa. Pero pienso y no quiero pensar.
Una cosa sé. Yo ya estoy despachada. Pero tengo un
hijo. Y otro que viene. Vamos andando. El mismo
sino tuvo mi madre. Pero de aquí no me muevo.

(Voces fuera.)

VOCES

¡Al salir de tu casa
para la iglesia,
acuérdate que sales
como una estrella!

MUJER
(Llorando)

¡Acuérdate que sales
como una estrella!

Así salí yo de mi casa también. Que me cabía todo
el campo en la boca.

LEONARDO
(Levantándose)

Vamos.

MUJER

¡Pero conmigo!

LEONARDO

Sí. *(Pausa.)* ¡Echa a andar! *(Salen.)*

VOCES

Al salir de tu casa
para la iglesia,
acuérdate que sales
como una estrella.

Telón lento

CUADRO II

Exterior de la cueva de la NOVIA. *Entonación en blancos grises y azules fríos. Grandes chumberas. Tonos sombríos y plateados. Panorama de mesetas color barquillo, todo endurecido como paisaje de cerámica popular*

CRIADA
(Arreglando en una mesa copas y bandejas)

Giraba,
giraba la rueda
y el agua pasaba,
porque llega la boda,
que se aparten las ramas
y la luna se adorne
por su blanca baranda.
¡Pon los manteles!   *(En voz alta.)*
Cantaban,   *(En voz patética.)*
cantaban los novios
y el agua pasaba,
porque llega la boda,
que relumbre la escarcha
y se llenen de miel
las almendras amargas.
¡Prepara el vino!   *(En voz alta.)*
Galana,   *(En voz poética.)*
galana de la tierra,
mira cómo el agua pasa.

Porque llega tu boda
recógete las faldas
y bajo el ala del novio
nunca salgas de tu casa.
Porque el novio es un palomo
con todo el pecho de brasa
y espera el campo el rumor
de la sangre derramada.
Giraba,
giraba la rueda
y el agua pasaba.
¡Porque llega tu boda,
deja que relumbre el agua!

MADRE
(Entrando)

¡Por fin!

PADRE

¿Somos los primeros?

CRIADA

No. Hace rato llegó Leonardo con su mujer. Corrieron como demonios. La mujer llegó muerta de miedo. Hicieron el camino como si hubieran venido a caballo.

PADRE

Ese busca la desgracia. No tiene buena sangre.

MADRE

¿Qué sangre va a tener? La de toda su familia. Mana de su bisabuelo, que empezó matando, y sigue en toda la mala ralea, manejadores de cuchillos y gente de falsa sonrisa.

PADRE

¡Vamos a dejarlo!

CRIADA

¿Cómo lo va a dejar?

MADRE

Me duele hasta la punta de las venas. En la frente de todos ellos yo no veo más que la mano con que mataron a lo que era mío. ¿Tú me ves a mí? ¿No te parezco loca? Pues es loca de no haber gritado todo lo que mi pecho necesita. Tengo en mi pecho un grito siempre puesto de pie a quien tengo que castigar y meter entre los mantos. Pero me llevan a los muertos y hay que callar. Luego la gente critica. *(Se quita el manto.)*

PADRE

Hoy no es día de que te acuerdes de esas cosas.

MADRE

Cuando sale la conversación, tengo que hablar. Y hoy más. Porque hoy me quedo sola en mi casa.

PADRE

En espera de estar acompañada.

MADRE

Esa es mi ilusión: los nietos. *(Se sientan.)*

PADRE

Yo quiero que tengan muchos. Esta tierra necesita brazos que no sean pagados. Hay que sostener una batalla con las malas hierbas, con los cardos, con los pedruscos que salen no se sabe dónde. Y estos brazos tienen que ser de los dueños, que castiguen y que dominen, que hagan brotar las simientes. Se necesitan muchos hijos.

MADRE

¡Y alguna hija! ¡Los varones son del viento! Tienen por fuerza que manejar armas. Las niñas no salen jamás a la calle.

PADRE
(Alegre)

Yo creo que tendrán de todo.

MADRE

Mi hijo la cubrirá bien. Es de buena simiente. Su padre pudo haber tenido conmigo muchos hijos.

PADRE

Lo que yo quisiera es que esto fuera cosa de un día. Que en seguida tuvieran dos o tres hombres.

MADRE

Pero no es así. Se tarda mucho. Por eso es tan terrible ver la sangre de una derramada por el suelo. Una

fuente que corre un minuto y a nosotros nos ha cos-
tado años. Cuando yo llegué a ver a mi hijo, estaba
tumbado en mitad de la calle. Me mojé las manos de
sangre y me las lamí con la lengua. Porque era mía.
Tú no sabes lo que es eso. En una custodia de cristal
y topacios pondría yo la tierra empapada por ella.

PADRE

Ahora tienes que esperar. Mi hija es ancha y tu hijo
es fuerte.

MADRE

Así espero. *(Se levantan.)*

PADRE

Prepara las bandejas de trigo.

CRIADA

Están preparadas.

MUJER DE LEONARDO
(Entrando)

¡Que sea para bien!

MADRE

Gracias.

LEONARDO

¿Va a haber fiesta?

PADRE

Poca. La gente no puede entretenerse.

CRIADA

¡Ya están aquí!
> *(Van entrando* INVITADOS *en alegres grupos. Entran los* NOVIOS *cogidos del brazo. Sale* LEONARDO.*)*

NOVIO

En ninguna boda se vio tanta gente.

NOVIA
(Sombría)

En ninguna.

PADRE

Fue lucida.

MADRE

Ramas enteras de familias han venido.

NOVIO

Gente que no salía de su casa.

MADRE

Tu padre sembró mucho y ahora lo recoges tú.

NOVIO

Hubo primos míos que yo ya no conocía.

MADRE

Toda la gente de la costa.

NOVIO
(Alegre)

Se espantaban de los caballos.

(Hablan.)

MADRE
(A la NOVIA.)

¿Qué piensas?

NOVIA

No pienso en nada.

MADRE

Las bendiciones pesan mucho.

(Se oyen guitarras.)

NOVIA

Como el plomo.

MADRE
(Fuerte)

Pero no han de pesar. Ligera como paloma debes ser.

NOVIA

¿Se queda usted aquí esta noche?

MADRE

No. Mi casa está sola.

NOVIA

¡Debía usted quedarse!

PADRE
(A la MADRE*)*

Mira el baile que tienen formado. Bailes de allá de
la orilla del mar.

> *(Sale* LEONARDO *y se sienta. Su* MUJER, *detrás de él,
> en actitud rígida.)*

MADRE

Son los primos de mi marido. Duros como piedras
para la danza.

PADRE

Me alegra el verlos. ¡Qué cambio para esta casa!
(Se va.)

NOVIO
(A la NOVIA*)*

¿Te gustó el azahar?

NOVIA
(Mirándole fija)

Sí.

NOVIO

Es todo de cera. Dura siempre. Me hubiera gustado que llevaras en todo el vestido.

NOVIA

No hace falta.

(Mutis LEONARDO *por la derecha.)*

MUCHACHA 1.ª

Vamos a quitarle los alfileres.

NOVIA
(Al NOVIO*)*

Ahora vuelvo.

MUJER

¡Que seas feliz con mi prima!

NOVIO

Tengo seguridad.

MUJER

Aquí los dos; sin salir nunca y a levantar la casa. ¡Ojalá yo viviera también así de lejos!

NOVIO

¿Por qué no compráis tierras? El monte es barato y los hijos se crían mejor.

MUJER

No tenemos dinero. ¡Y con el camino que llevamos!

NOVIO

Tu marido es un buen trabajador.

MUJER

Sí, pero le gusta volar demasiado. Ir de una cosa a otra. No es hombre tranquilo.

CRIADA

¿No tomáis nada? Te voy a envolver unos roscos de vino para tu madre, que a ella le gustan mucho.

NOVIO

Ponle tres docenas.

MUJER

No, no. Con media tiene bastante.

NOVIO

Un día es un día.

MUJER
(A la CRIADA*)*

¿Y Leonardo?

CRIADA

No lo vi.

NOVIO

Debe estar con la gente.

MUJER

¡Voy a ver! *(Se va.)*

CRIADA

Aquello está hermoso.

NOVIO

¿Y tú no bailas?

CRIADA

No hay quien me saque.
          (Pasan al fondo dos MUCHACHAS; *durante todo este acto, el fondo será un animado cruce de figuras.)*

NOVIO
(Alegre)

Eso se llama no entender. Las viejas frescas como tú bailan mejor que las jóvenes.

CRIADA

Pero ¿vas a echarme requiebros, niño? ¡Qué familia la tuya! ¡Machos entre los machos! Siendo niña vi la boda de tu abuelo. ¡Qué figura! Parecía como si se casara un monte.

NOVIO

Yo tengo menos estatura.

CRIADA

Pero el mismo brillo en los ojos. ¿Y la niña?

NOVIO

Quitándose la toca.

CRIADA

¡Ah! Mira. Para la medianoche, como no dormiréis, os he preparado jamón y unas copas grandes de vino antiguo. En la parte baja de la alacena. Por si lo necesitáis.

NOVIO
(Sonriente)

No como a medianoche.

CRIADA
(Con malicia)

Si tú no, la novia. *(Se va.)*

MOZO 1.º
(Entrando)

¡Tienes que beber con nosotros!

NOVIO

Estoy esperando a la novia.

MOZO 2.º

¡Ya la tendrás en la madrugada!

Mozo 1.º

¡Que es cuando más gusta!

Mozo 2.º

Un momento.

Novio

Vamos.

(Salen. Se oye gran algazara. Sale la Novia. *Por el lado opuesto salen dos* Muchachas *corriendo a encontrarla.)*

Muchacha 1.ª

¿A quién diste el primer alfiler, a mí o a esta?

Novia

No me acuerdo.

Muchacha 1.ª

A mí me lo diste aquí.

Muchacha 2.ª

A mí delante del altar.

Novia
(Inquieta y con una gran lucha interior)

No sé nada.

Muchacha 1.ª

Es que yo quisiera que tú...

NOVIA
(Interrumpiendo)

Ni me importa. Tengo mucho que pensar.

MUCHACHA 2.ª

Perdona. *(Leonardo cruza el fondo.)*

NOVIA
(Ve a Leonardo)

Y estos momentos son agitados.

MUCHACHA 1.ª

¡Nosotras no sabemos nada!

NOVIA

Ya lo sabréis cuando os llegue la hora. Estos pasos son pasos que cuestan mucho.

MUCHACHA 1.ª

¿Te ha disgustado?

NOVIA

No. Perdonad vosotras.

MUCHACHA 2.ª

¿De qué? Pero los dos alfileres sirven para casarse, ¿verdad?

NOVIA

Los dos.

MUCHACHA 1.ª

Ahora, que una se casa antes que otra.

NOVIA

¿Tantas ganas tenéis?

MUCHACHA 2.ª
(Vergonzosa)

Sí.

NOVIA

¿Para qué?

MUCHACHA 1.ª

Pues... *(Abrazando a la segunda.)*
(Echan a correr las dos. Llega el NOVIO *y, muy despacio, abraza a la* NOVIA *por detrás.)*

NOVIA
(Con gran sobresalto)

¡Quita!

NOVIO

¿Te asustas de mí?

NOVIA

¡Ay! ¿Eras tú?

NOVIO

¿Quién iba a ser? *(Pausa.)* Tu padre o yo.

NOVIA

¡Es verdad!

NOVIO

Ahora que tu padre te hubiera abrazado más blando.

NOVIA
(Sombría)

¡Claro!

NOVIO

Porque es viejo. *(La abraza fuertemente de un modo un poco brusco.)*

NOVIA
(Seca)

¡Déjame!

NOVIO

¿Por qué? *(La deja.)*

NOVIA

Pues... la gente. Pueden vernos.
(Vuelve a cruzar el fondo la CRIADA, *que no mira a los* NOVIOS.*)*

NOVIO

¿Y qué? Ya es sagrado.

NOVIA

Sí, pero déjame... Luego.

NOVIO

¿Qué tienes? ¡Estás como asustada!

NOVIA

No tengo nada. No te vayas.

(Sale la MUJER *de* LEONARDO.)

MUJER

No quiero interrumpir...

NOVIO

Dime.

MUJER

¿Pasó por aquí mi marido?

NOVIO

No.

MUJER

Es que no le encuentro y el caballo no está tampoco en el establo.

NOVIO
(Alegre)

Debe estar dándole una carrera.

> *(Se va la* MUJER, *inquieta. Sale la* CRIADA.)

CRIADA

¿No andáis satisfechos de tanto saludo?

NOVIO

Yo estoy deseando que esto acabe. La novia está un poco cansada.

CRIADA

¿Qué es eso, niña?

NOVIA

¡Tengo como un golpe en las sienes!

CRIADA

Una novia de estos montes debe ser fuerte. *(Al* NO-VIO.) Tú eres el único que la puedes curar, porque tuya es. *(Sale corriendo.)*

NOVIO
(Abrazándola)

Vamos un rato al baile. *(La besa.)*

NOVIA
(Angustiada)

No. Quisiera echarme en la cama un poco.

NOVIO

Yo te haré compañía.

NOVIA

¡Nunca! ¿Con toda la gente aquí? ¿Qué dirían? Déjame sosegar un momento.

NOVIO

¡Lo que quieras! ¡Pero no estés así por la noche!

NOVIA
(En la puerta)

A la noche estaré mejor.

NOVIO

¡Que es lo que yo quiero!

(Aparece la MADRE.*)*

MADRE

Hijo.

NOVIO

¿Dónde anda usted?

MADRE

En todo ese ruido. ¿Estás contento?

NOVIO

Sí.

MADRE

¿Y tu mujer?

NOVIO

Descansa un poco. ¡Mal día para las novias!

MADRE

¿Mal día? El único bueno. Para mí fue como una herencia. *(Entra la* CRIADA *y se dirige al cuarto de la* NOVIA.) Es la roturación de las tierras, la plantación de árboles nuevos.

NOVIO

¿Usted se va a ir?

MADRE

Sí. Yo tengo que estar en mi casa.

NOVIO

Sola.

MADRE

Sola, no. Que tengo la cabeza llena de cosas y de hombres y de luchas.

NOVIO

Pero luchas que ya no son luchas.

(Sale la CRIADA *rápidamente; desaparece corriendo por el fondo.)*

MADRE

Mientras una vive, lucha.

NOVIO

¡Siempre la obedezco!

MADRE

Con tu mujer procura estar cariñoso, y si la notas infautada o arisca, hazle una caricia que le produzca un poco de daño, un abrazo fuerte, un mordisco y luego un beso suave. Que ella no pueda disgustarse, pero que sienta que tú eres el macho, el amo, el que mandas. Así aprendí de tu padre. Y como no lo tienes, tengo que ser yo la que te enseñe estas fortalezas.

NOVIO

Yo siempre haré lo que usted mande.

PADRE
(Entrando)

¿Y mi hija?

NOVIO

Está dentro.

MUCHACHA 1.ª

¡Vengan los novios, que vamos a bailar la rueda!

MOZO 1.º
(Al NOVIO)

Tú la vas a dirigir.

PADRE
(Saliendo)

¡Aquí no está!

NOVIO

¿No?

PADRE

Debe haber subido a la baranda.

NOVIO

¡Voy a ver! *(Entra.)*

(Se oye algaraza y guitarras.)

MUCHACHA 1.ª

¡Ya ha empezado! *(Sale.)*

NOVIO
(Saliendo)

No está.

MADRE
(Inquieta)

¿No?

PADRE

¿Y adónde puede haber ido?

CRIADA
(Entrando)

Y la niña, ¿donde está?

MADRE
(Seria)

No lo sabemos.

(Sale el NOVIO. *Entran tres* INVITADOS.*)*

PADRE
(Dramático)

Pero ¿no está en el baile?

CRIADA

En el baile no está.

PADRE
(Con arranque)

Hay mucha gente. ¡Mirad!

CRIADA

¡Ya he mirado!

PADRE
(Trágico)

¿Pues dónde está?

NOVIO
(Entrando)

Nada. En ningún sitio.

MADRE
(Al PADRE*)*

¿Qué es esto? ¿Dónde está tu hija?
(Entra la MUJER *de* LEONARDO.*)*

MUJER

¡Han huido! ¡Han huido! Ella y Leonardo. En el caballo. Van abrazados, como una exhalación.

PADRE

¡No es verdad! ¡Mi hija, no!

MADRE

¡Tu hija, sí! Planta de mala madre, y él, él también, él. Pero ¡ya es la mujer de mi hijo!

NOVIO
(Entrando)

¡Vamos detrás! ¿Quién tiene un caballo?

MADRE

¿Quién tiene un caballo ahora mismo, quién tiene un caballo? Que le daré todo lo que tengo, mis ojos y hasta mi lengua...

VOZ

Aquí hay uno.

MADRE
(Al Hijo)

¡Anda! ¡Detrás! *(Salen con dos mozos.)* No. No vayas. Esa gente mata pronto y bien...; pero sí, corre, y yo detrás!

PADRE

No será ella. Quizá se haya tirado al aljibe.

MADRE

Al agua se tiran las honradas, las limpias; ¡esa, no! Pero ya es mujer de mi hijo. Dos bandos. Aquí hay ya dos bandos. *(Entran todos.)* Mi familia y la tuya. Salid todos de aquí. Limpiarse el polvo de los zapatos. Vamos a ayudar a mi hijo. *(La gente se separa en dos grupos.)* Porque tiene gente; que son: sus primos del mar y todos los que llegan de tierra adentro. ¡Fuera de aquí! Por todos los caminos. Ha llegado otra vez la hora de la sangre. Dos bandos. Tú con el tuyo y yo con el mío. ¡Atrás! ¡Atrás!

Telón

ACTO TERCERO

CUADRO I

Bosque. Es de noche. Grandes troncos húmedos. Ambiente oscuro.
Se oyen dos violines. Salen tres LEÑADORES

LEÑADOR 1.º

¿Y los han encontrado?

LEÑADOR 2.º

No. Pero los buscan por todas partes.

LEÑADOR 3.º

Ya darán con ellos.

LEÑADOR 2.º

¡Chisss!

LEÑADOR 2.º

Parece que se acercan por todos los caminos a la vez.

LEÑADOR 1.º

Cuando salga la luna los verán.

LEÑADOR 2.º

Debían dejarlos.

LEÑADOR 1.º

El mundo es grande. Todos pueden vivir en él.

LEÑADOR 3.º

Pero los matarán.

LEÑADOR 2.º

Hay que seguir la inclinación: han hecho bien en huir.

LEÑADOR 1.º

Se estaban engañando uno a otro y al fin la sangre pudo más.

LEÑADOR 3.º

¡La sangre!

LEÑADOR 1.º

Hay que seguir el camino de la sangre.

LEÑADOR 2.º

Pero sangre que ve la luz se la bebe la tierra.

LEÑADOR 1.º

¿Y qué? Vale más ser muerto desangrado que vivo con ella podrida.

LEÑADOR 3.º

Callar.

LEÑADOR 1.º

¿Qué? ¿Oyes algo?

LEÑADOR 3.º

Oigo los grillos, las ranas, el acecho de la noche.

LEÑADOR 1.º

Pero el caballo no se siente.

LEÑADOR 3.º

No.

LEÑADOR 1.º

Ahora la estará queriendo.

LEÑADOR 2.º

El cuerpo de ella era para él y el cuerpo de él para ella.

LEÑADOR 3.º

Los buscan y los matarán.

LEÑADOR 1.º

Pero ya habrán mezclado sus sangres y serán como dos cántaros vacíos, como dos arroyos secos.

LEÑADOR 2.º

Hay muchas nubes y será fácil que la luna no salga.

LEÑADOR 3.º

El novio los encontrará con luna o sin luna. Yo lo vi salir. Como una estrella furiosa. La cara color ceniza. Expresaba el sino de su casta.

LEÑADOR 1.º

Su casta de muertos en mitad de la calle.

LEÑADOR 2.º

¡Eso es!

LEÑADOR 3.º

¿Crees que ellos lograrán romper el cerco?

LEÑADOR 2.º

Es difícil. Hay cuchillos y escopetas a diez leguas a la redonda.

LEÑADOR 3.º

Él lleva buen caballo.

LEÑADOR 2.º

Pero lleva una mujer.

LEÑADOR 1.º

Ya estamos cerca.

LEÑADOR 2.º

Un árbol de cuarenta ramas. Lo cortaremos pronto.

LEÑADOR 3.º

Ahora sale la luna. Vamos a darnos prisa.

(Por la izquierda surge una claridad.)

LEÑADOR 1.º

¡Ay luna que sales!
Luna de las hojas grandes.

LEÑADOR 2.º

¡Llena de jazmines la sangre!

LEÑADOR 1.º

¡Ay luna sola!
¡Luna de las verdes hojas!

LEÑADOR 2.º

Plata en la cara de la novia.

LEÑADOR 3.º

¡Ay luna mala!
Deja para el amor la oscura rama.

LEÑADOR 1.º

¡Ay triste luna!
¡Deja para el amor la rama oscura!

*(Salen. Por la claridad de la izquierda aparece la
LUNA. La LUNA es un leñador joven, con la cara
blanca. La escena adquiere un vivo resplandor azul.)*

LUNA

Cisne redondo en el río,
ojo de las catedrales,
alba fingida en las hojas
soy; ¡no podrán escaparse!
¿Quién se oculta? ¿Quién solloza
por la maleza del valle?
La luna deja un cuchillo
abandonado en el aire,
que siendo acecho de plomo
quiere ser dolor de sangre.
¡Dejadme entrar! ¡Vengo helada
por paredes y cristales!
¡Abrid tejados y pechos
donde pueda calentarme!
¡Tengo frío! Mis cenizas
de soñolientos metales
buscan la cresta del fuego
por los montes y las calles.
Pero me lleva la nieve
sobre su espalda de jaspe,
y me anega, dura y fría,
el agua de los estanques.
Pues esta noche tendrán
mis mejillas roja sangre,
y los juncos agrupados
en los anchos pies del aire.
¡No haya sombra ni emboscada,
que no puedan escaparse!

¡Que quiero entrar en un pecho
para poder calentarme!
¡Un corazón para mí!
¡Caliente!, que se derrame
por los montes de mi pecho;
dejadme entrar, ¡ay, dejadme!
No quiero sombras. Mis rayos   *(A las ramas.)*
han de entrar en todas partes,
y haya en los troncos oscuros
un rumor de claridades,
para que esta noche tengan
mis mejillas dulce sangre,
y los juncos agrupados
en los anchos pies del aire.
¿Quién se oculta? ¡Afuera digo!
¡No! ¡No podrán escaparse!
Yo haré lucir al caballo
una fiebre de diamante.

> *(Desaparece entre los troncos y vuelve la escena a su luz oscura. Sale una* Anciana *totalmente cubierta por tenues paños verdeoscuros. Lleva los pies descalzos. Apenas si se le verá el rostro entre los pliegues. Este personaje no figura en el reparto.)*

Mendiga

Esa luna se va, y ellos se acercan.
De aquí no pasan. El rumor del río
apagará con el rumor de troncos
el desgarrado vuelo de los gritos.
Aquí ha de ser, y pronto. Estoy cansada.
Abren los cofres, y los blancos hilos
aguardan por el suelo de la alcoba
cuerpos pesados con el cuello herido.
No se despierte un pájaro y la brisa,
recogiendo en su falda los gemidos,
huya con ellos por las negras copas
o los entierre por el blanco limo.

¡Esa luna, esa luna!
¡Esa luna, esa luna!   *(Impaciente.)*

(Aparece la LUNA. *Vuelve la luz intensa.)*

LUNA

Ya se acercan.
Unos por la cañada y otros por el río.
Voy a alumbrar las piedras. ¿Qué necesitas?

MENDIGA

Nada.

LUNA

El aire va llegando duro, con doble filo.

MENDIGA

Ilumina el chaleco y aparta los botones,
que después las navajas ya saben el camino.

LUNA

Pero que tarden mucho en morir. Que la sangre
me ponga entre los dedos su delicado silbo.
¡Mira que ya mis valles de ceniza despiertan
en ansia de esta fuente de chorro estremecido!

MENDIGA

No dejemos que pasen el arroyo. ¡Silencio!

LUNA

¡Allí vienen!
(Se va. Queda la escena a oscuras.)

MENDIGA

¡De prisa! Mucha luz. ¿Me has oído?
¡No pueden escaparse!

> *(Entran el* NOVIO *y* MOZO 1.º *La* MENDIGA *se sienta y se tapa con el manto.)*

NOVIO

Por aquí.

MOZO 1.º

No los encontrarás.

NOVIO
(Enérgico)

¡Sí los encontraré!

MOZO 1.º

Creo que se han ido por otra vereda.

NOVIO

No. Yo sentí hace un momento el galope.

MOZO 1.º

Sería otro caballo.

NOVIO
(Dramático)

Oye. No hay más que un caballo en el mundo, y es este. ¿Te has enterado? Si me sigues, sígueme sin hablar.

Mozo 1.º

Es que yo quisiera...

Novio

Calla. Estoy seguro de encontrármelos aquí. ¿Ves este brazo? Pues no es mi brazo. Es el brazo de mi hermano y el de mi padre y el de toda mi familia que está muerta. Y tiene tanto poderío, que puede arrancar este árbol de raíz si quiere. Y vamos pronto, que siento los dientes de todos los míos clavados aquí de una manera que se me hace imposible respirar tranquilo.

Mendiga
(Quejándose)

¡Ay!

Mozo 1.º

¿Has oído?

Novio

Vete por ahí y da la vuelta.

Mozo 1.º

Esto es una caza.

Novio

Una caza. La más grande que se puede hacer.
(Se va el Mozo. El Novio se dirige rápidamente hacia la izquierda y tropieza con la Mendiga, la Muerte.)

MENDIGA

¡Ay!

NOVIO

¿Qué quieres?

MENDIGA

Tengo frío.

NOVIO

¿Adónde te diriges?

MENDIGA
(Siempre quejándose como una mendiga).

Allá lejos...

NOVIO

¿De dóne vienes?

MENDIGA

De allí..., de muy lejos.

NOVIO

¿Viste un hombre y una mujer que corrían montados en un caballo?

MENDIGA
(Despertándose)

Espera... *(Lo mira.)* Hermoso galán. *(Se levanta.)* Pero mucho más hermoso si estuviera dormido.

NOVIO

Dime, contesta, ¿los viste?

MENDIGA

Espera... ¡Qué espaldas más anchas! ¿Cómo no te gusta estar tendido sobre ellas y no andar sobre las plantas de los pies, que son tan chicas?

NOVIO
(Zamarreándola)

¡Te digo si los viste! ¿Han pasado por aquí?

MENDIGA
(Enérgica)

No han pasado; pero están saliendo de la colina. ¿No los oyes?

NOVIO

No.

MENDIGA

¿Tú no conoces el camino?

NOVIO

¡Iré, sea como sea!

MENDIGA

Te acompañaré. Conozco esta tierra.

NOVIO
(Impaciente)

¡Pero vamos! ¿Por dónde?

MENDIGA
(Dramática)

¡Por allí!
> *(Salen rápidos. Se oyen lejanos dos violines que expresan el bosque. Vuelven los* LEÑADORES. *Llevan las hachas al hombro. Pasan lentos entre los troncos.)*

LEÑADOR 1.º

¡Ay muerte que sales!
Muerte de las hojas grandes.

LEÑADOR 2.º

¡No abras el chorro de la sangre!

LEÑADOR 1.º

¡Ay muerte sola!
Muerte de las secas hojas.

LEÑADOR 3.º

¡No cubras de flores la boda!

LEÑADOR 2.º

¡Ay triste muerte!
Deja para el amor la rama verde.

LEÑADOR 1.º

¡Ay muerte mala!
¡Deja para el amor la verde rama!

(Van saliendo mientras hablan. Aparecen LEONARDO *y
la* NOVIA.)

LEONARDO

¡Calla!

NOVIA

Desde aquí yo me iré sola.
¡Vete! ¡Quiero que te vuelvas!

LEONARDO

¡Calla, digo!

NOVIA

Con los dientes,
con las manos, como puedas,
quita de mi cuello honrado
el metal de esta cadena,
dejándome arrinconada
allá en mi casa de tierra.
Y si no quieres matarme
como a víbora pequeña,
pon en mis manos de novia
el cañón de la escopeta.
¡Ay, qué lamento, qué fuego
me sube por la cabeza!
¡Qué vidrios se me clavan en la lengua!

LEONARDO

Ya dimos el paso; ¡calla!
porque nos persiguen cerca
y te he de llevar conmigo.

NOVIA

¡Pero ha de ser a la fuerza!

LEONARDO

¿A la fuerza? ¿Quién bajó
primero las escaleras?

NOVIA

Yo las bajé.

LEONARDO

¿Quién le puso
al caballo bridas nuevas?

NOVIA

Yo misma. Verdad.

LEONARDO

¿Y qué manos
me calzaron las espuelas?

NOVIA

Estas manos que son tuyas,
pero que al verte quisieran

quebrar las ramas azules
y el murmullo de tus venas.
¡Te quiero! ¡Te quiero! ¡Aparta!
Que si matarte pudiera,
te pondría una mortaja
con los filos de violetas.
¡Ay, qué lamento, qué fuego
me sube por la cabeza!

LEONARDO

¡Qué vidrios se me clavan en la lengua!
Porque yo quise olvidar
y puse un muro de piedra
entre tu casa y la mía.
Es verdad. ¿No lo recuerdas?
Y cuando te vi de lejos
me eché en los ojos arena.
Pero montaba a caballo
y el caballo iba a tu puerta.
Con alfileres de plata
mi sangre se puso negra,
y el sueño me fue llenando
las carnes de mala hierba.
Que yo no tengo la culpa,
que la culpa es de la tierra
y de ese olor que te sale
de los pechos y las trenzas.

NOVIA

¡Ay que sinrazón! No quiero
contigo cama ni cena,
y no hay minuto del día
que estar contigo no quiera,
porque me arrastras y voy,
y me dices que me vuelva

y te sigo por el aire
como una brizna de hierba.
He dejado a un hombre duro
y a toda su descendencia
en la mitad de la boda
y con la corona puesta.
Para ti será el castigo
y no quiero que lo sea.
¡Déjame sola! ¡Huye tú!
No hay nadie que te defienda.

LEONARDO

Pájaros de la mañana
por los árboles se quiebran.
La noche se está muriendo
en el filo de la piedra.
Vamos al rincón oscuro,
donde yo siempre te quiera,
que no me importa la gente,
ni el veneno que nos echa.

(La abraza fuertemente.)

NOVIA

Y yo dormiré a tus pies
para guardar lo que sueñas.
Desnuda, mirando al campo,
como si fuera una perra,
¡porque eso soy! Que te miro
y tu hermosura me quema.

(Dramática.)

LEONARDO

Se abrasa lumbre con lumbre.
La misma llama pequeña
mata dos espigas juntas.
¡Vamos!

(La arrastra)

NOVIA

¿Adónde me llevas?

LEONARDO

A donde no puedan ir
estos hombres que nos cercan.
¡Donde yo pueda mirarte!

NOVIA
(Sarcástica)

Llévame de feria en feria,
dolor de mujer honrada,
a que las gentes me vean
con las sábanas de boda
al aire como banderas.

LEONARDO

También yo quiero dejarte
si pienso como se piensa.
Pero voy donde tú vas.
Tú también. Da un paso. Prueba.
Clavos de luna nos funden
mi cintura y tus caderas.

> *(Toda esta escena es violenta, llena de gran
> sensualidad.)*

NOVIA

¿Oyes?

LEONARDO

Viene gente.

NOVIA

¡Huye!
Es justo que yo aquí muera
con los pies dentro del agua,
espinas en la cabeza.
Y que me lloren las hojas,
mujer perdida y doncella.

LEONARDO

Cállate. Ya suben.

NOVIA

¡Vete!

LEONARDO

Silencio. Que no nos sientan.
Tú delante. ¡Vamos, digo!

(Vacila la NOVIA.*)*

NOVIA

¡Los dos juntos!

LEONARDO
(Abrazándola)

¡Como quieras!
Si nos separan, será
porque esté muerto.

NOVIA

Y yo muerta.

(Salen abrazados. Aparece la LUNA *muy despacio. La
escena adquiere una fuerte luz azul. Se oyen los dos
violines. Bruscamente se oyen dos largos gritos desga-
rrados y se corta la música de los violines. Al segundo
grito aparece la* MENDIGA *y queda de espaldas. Abre
el manto y queda en el centro, como un gran pájaro
de alas inmensas. La* LUNA *se detiene. El telón baja en
medio de un silencio absoluto.)*

Telón

CUADRO ÚLTIMO

Habitación blanca con arcos y gruesos muros. A la derecha y a la izquierda, escaleras blancas. Gran arco al fondo y pared del mismo color. El suelo será también de un blanco reluciente. Esta habitación simple tendrá un sentido monumental de iglesia. No habrá ni un gris, ni una sombra, ni siquiera lo preciso para la perspectiva.
Dos MUCHACHAS *vestidas de azul oscuro están devanando una madeja roja.*

MUCHACHA 1.ª

Madeja, madeja,
¿qué quieres hacer?

MUCHACHA 2.ª

Jazmín de vestido,
cristal de papel.
Nacer a las cuatro,
morir a las diez.
Ser hilo de lana,
cadena a tus pies
y nudo que apriete
amargo laurel.

NIÑA
(Cantando)

¿Fuiste a la boda?

MUCHACHA 1.ª

No.

NIÑA

¡Tampoco fui yo!
¿Qué pasaría
por los tallos de la viña?
¿Qué pasaría
por el ramo de la oliva?
¿Qué pasó
que nadie volvió?
¿Fuiste a la boda?

MUCHACHA 2.ª

Hemos dicho que no.

NIÑA
(Yéndose)

¡Tampoco fui yo!

MUCHACHA 2.ª

Madeja, madeja
¿qué quieres cantar?

MUCHACHA 1.ª

Heridas de cera,
dolor de arrayán.
Dormir la mañana,
de noche velar.

NIÑA
(En la puerta)

El hilo tropieza
con el pedernal.
Los montes azules
lo dejan pasar.
Corre, corre, corre,
y al fin llegará
a poner cuchillo
y a quitar el pan.

(Se va.)

MUCHACHA 2.ª

Madeja, madeja,
¿qué quieres decir?

MUCHACHA 1.ª

Amante sin habla.
Novio carmesí.
Por la orilla muda
tendidos los vi.

(Se detiene mirando la madeja.)

NIÑA
(Asomándose a la puerta)

Corre, corre, corre
el hilo hasta aquí.
Cubiertos de barro
los siento venir.
¡Cuerpos estirados,
paños de marfil!

(Se va. Aparece la MUJER *y la* SUEGRA *de* LEONARDO. *Llegan angustiadas.)*

MUCHACHA 1.ª

¿Vienen ya?

SUEGRA
(Agria)

No sabemos.

MUCHACHA 2.ª

¿Qué contáis de la boda?

MUCHACHA 1.ª

Dime.

SUEGRA
(Seca)

Nada.

MUJER

Quiero volver para saberlo todo.

SUEGRA
(Enérgica)

Tú, a tu casa.
Valiente y sola en tu casa.
A envejecer y a llorar.
Pero la puerta cerrada.
Nunca. Ni muerto ni vivo.
Clavaremos las ventanas.
Y vengan lluvias y noches
sobre las hierbas amargas.

MUJER

¿Qué habrá pasado?

SUEGRA

No importa.
Échate un velo en la cara.

Tus hijos son hijos tuyos
nada más. Sobre la cama
pon una cruz de ceniza
donde estuvo su almohada.

(Salen.)

MENDIGA
(A la puerta)

Un pedazo de pan, muchachas.

NIÑA

¡Vete!
(Las MUCHACHAS *se agrupan.)*

MENDIGA

¿Por qué?

NIÑA

Porque tú gimes: vete.

MUCHACHA 1.ª

¡Niña!

MENDIGA

¡Pude pedir tus ojos! Una nube
de pájaros me sigue: ¿quieres uno?

NIÑA

¡Yo me quiero marchar!

MUCHACHA 2.ª
(A la MENDIGA)

¡No le hagas caso!

MUCHACHA 1.ª

¿Vienes por el camino del arroyo?

MENDIGA

Por allí vine.

MUCHACHA 1.ª
(Tímida)

¿Puedo preguntarte?

MENDIGA

Yo los vi; pronto llegan: dos torrentes
quietos al fin entre las piedras grandes,
dos hombres en las patas del caballo.
Muertos en la hermosura de la noche.

(Con delectación.)

Muertos sí, muertos.

MUCHACHA 1.ª

¡Calla, vieja, calla!

MENDIGA

Flores rotas los ojos, y sus dientes
dos puñados de nieve endurecida.
Los dos cayeron, y la novia vuelve
teñida en sangre falda y cabellera.
Cubiertos con dos mantas ellos vienen
sobre los hombros de los mozos altos.
Así fue; nada más. Era lo justo.
Sobre la flor del oro, sucia arena.

(Se va. Las MUCHACHAS *inclinan la cabeza y rítmicamente van saliendo.)*

MUCHACHA 1.ª

Sucia arena.

MUCHACHA 2.ª

Sobre la flor del oro.

NIÑA

Sobre la flor del oro
traen a los novios del arroyo.
Morenito el uno,
morenito el otro.
¡Qué ruiseñor de sombra vuela y gime
sobre la flor del oro!

(Se va. Queda la escena sola. Aparece la MADRE *con una* VECINA. *La* VECINA *viene llorando.)*

MADRE

Calla.

VECINA

No puedo.

MADRE

Calla, he dicho. *(En la puerta.)* ¿No hay nadie aquí? *(Se lleva las manos a la frente.)* Debía contestarme mi hijo. Pero mi hijo es ya un brazado de flores secas. Mi hijo es ya una voz oscura detrás de los montes. *(Con rabia, a la* VECINA.*)* ¿Te quieres callar? No quiero llantos en esta casa. Vuestras lágrimas son lágrimas de los ojos nada más, y las mías vendrán cuando yo esté sola, de las plantas de los pies, de mis raíces, y serán más ardientes que la sangre.

VECINA

Vente a mi casa; no te quedes aquí.

MADRE

Aquí. Aquí quiero estar. Y tranquila. Ya todos están muertos. A medianoche dormiré, dormiré sin que ya me aterren la escopeta o el cuchillo. Otras madres se asomarán a las ventanas, azotadas por la lluvia, para ver el rostro de sus hijos. Yo, no. Yo haré con mi sueño una fría paloma de marfil que lleve camelias de escarcha sobre el camposanto. Pero no; camposanto, no, camposanto, no; lecho de tierra, cama que los cobija y que los mece por el cielo. *(Entra una MU-JER de negro que se dirige a la derecha y allí se arrodilla. A la* VECINA.*)* Quítate las manos de la cara. Hemos de pasar días terribles. No quiero ver a nadie. La tierra y yo. Mi llanto y yo. Y estas cuatro paredes. ¡Ay! ¡Ay! *(Se sienta transida.)*

VECINA

Ten caridad de ti misma.

MADRE
(Echándose el pelo hacia atrás)

He de estar serena. *(Se sienta.)* Porque vendrán las vecinas y no quiero que me vean tan pobre. ¡Tan pobre! Una mujer que no tiene un hijo siquiera que poderse llevar a los labios.

(Aparece la NOVIA. *Viene sin azahar y con un manto negro)*

VECINA
(Viendo a la NOVIA, *con rabia)*

¿Dónde vas?

NOVIA

Aquí vengo.

MADRE
(A la VECINA)

¿Quién es?

VECINA

¿No la reconoces?

MADRE

Por eso pregunto quién es. Porque tengo que no reconocerla, para no clavarla mis dientes en el cuello. ¡Víbora! *(Se dirige hacia la* NOVIA *con ademán fulminante; se detiene. A la* VECINA.) ¿La ves? Está ahí, y está llorando, y yo quieta, sin arrancarle los ojos. No me entiendo. ¿Será que yo no quería a mi hijo? Pero ¿y su honra? ¿Dónde está su honra?

(Golpea a la NOVIA. *Ésta cae al suelo.)*

VECINA

¡Por Dios! *(Trata de separarlas.)*

NOVIA
(A la VECINA*)*

Déjala; he venido para que me mate y que me lleven con ellos. *(A la* MADRE.*)* Pero no con las manos; con garfios de alambre, con una hoz, y con fuerza, hasta que se rompa en mis huesos. ¡Déjala! Que quiero que sepa que yo soy limpia, que estaré loca, pero que me pueden enterrar sin que ningún hombre se haya mirado en la blancura de mis pechos.

MADRE

Calla, calla; ¿qué me importa eso a mí?

NOVIA

¡Porque yo me fui con el otro, me fui! *(Con angustia.)* Tú también te hubieras ido. Yo era una mujer quemada, llena de llagas por dentro y por fuera, y tu hijo era un poquito de agua de la que yo esperaba hijos, tierra, salud; pero el otro era un río oscuro, lleno de ramas, que acercaba a mí el rumor de sus juncos y su cantar entre dientes. Y yo corría con tu hijo que era como un niñito de agua, frío, y el otro me mandaba cientos de pájaros que me impedían el andar y que dejaban escarcha sobre mis heridas de pobre mujer marchita, de muchacha acariciada por el fuego. Yo no quería, ¡oyélo bien!; yo no quería, ¡oyélo bien!, yo no quería. ¡Tu hijo era mi fin y yo no lo he engañado, pero el brazo del otro me arrastró como un golpe de mar, como la cabezada de un mulo, y me hubiera arrastrado siempre, siempre, siempre, siempre, aunque hubiera sido vieja y todos los hijos de tu hijo me hubiesen agarrado de los cabellos!

(Entra una VECINA.)

MADRE

Ella no tiene culpa, ¡ni yo! *(Sarcástica.)* ¿Quién la tiene, pues? ¡Floja, delicada, mujer de mal dormir es quien tira una corona de azahar para buscar un pedazo de cama calentado por otra mujer!

NOVIA

¡Calla, calla! Véngate de mí; ¡aquí estoy! Mira que mi cuello es blando; te costará menos trabajo que segar una dalia de tu huerto. Pero ¡eso no! Honrada, honrada como una niña recién nacida. Y fuerte para demostrártelo. Enciende la lumbre. Vamos a meter las manos; tú por tu hijo; yo, por mi cuerpo. La retirarás antes tú.

(Entra otra VECINA.)

MADRE

Pero ¿qué me importa a mí tu honradez? ¿Qué me importa tu muerte? ¿Qué me importa a mí nada de nada? Benditos sean los trigos, porque mis hijos están debajo de ellos; bendita sea la lluvia, porque moja la cara de los muertos. Bendito sea Dios, que nos tiende juntos para descansar.

(Entra otra VECINA.)

NOVIA

Déjame llorar contigo.

MADRE

Llora. Pero en la puerta.

(Entra la NIÑA. *La* NOVIA *queda en la puerta. La*
MADRE, *en el centro de la escena.)*

MUJER

(Entrando y dirigiéndose a la izquierda)

Era hemoso jinete,
y ahora montón de nieve.
Corría ferias y montes
y brazos de mujeres.
Ahora, musgo de noche
le corona la frente.

MADRE

Girasol de tu madre,
espejo de la tierra.
Que te pongan al pecho
cruz de amargas adelfas;
sábana que te cubra
de reluciente seda,
y el agua forme un llanto
entre tus manos quietas.

MUJER

¡Ay, qué cuatro muchachos
llegan con hombros cansados!

NOVIA

¡Ay, qué cuatro galanes
traen a la muerte por el aire!

MADRE

Vecinas.

NIÑA
(En la puerta)

Ya los traen.

MADRE

Es lo mismo.
La cruz, la cruz.

MUJERES

Dulces clavos,
dulce cruz,
dulce nombre
de Jesús.

NOVIA

Que la cruz ampare a muertos y vivos.

MADRE

Vecinas: con un cuchillo,
con un cuchillito,
en un día señalado, entre las dos y las tres,
se mataron los dos hombres del amor.
Con un cuchillo,

con un cuchillito
que apenas cabe en la mano,
pero que penetra fino
por las carnes asombradas
y que se para en el sitio
donde tiembla enmarañada
la oscura raíz del grito.

NOVIA

 Y esto es un cuchillo,
un cuchillito
que apenas cabe en la mano;
pez sin escamas ni río,
para que un día señalado, entre las dos y las tres,
con este cuchillo
se queden dos hombres duros
con los labios amarillos.

MADRE

Y apenas cabe en la mano,
pero que penetra frío
por las carnes asombradas
y allí se para, en el sitio
donde tiembla enmarañada
la oscura raíz del grito.

                    (Las VECINAS, *arrodilladas en el suelo, lloran.)*

                    Telón